El arte de la alta costura

CLARA ZAMORA MECA

El arte de la alta costura

Moda y belleza en la era del capital

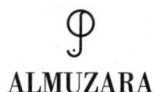

ALMUZARA

Editorial Almuzara • Colección Ensayo
Editor: Alfonso Orti

www.editorialalmuzara.com
pedidos@almuzaralibros.com — info@almuzaralibros.com

Editorial Almuzara
Parque Logístico de Córdoba. Ctra. Palma del Río, km 4
C/8, Nave L2, n.º 3. 14005, Córdoba

Imprime: Gráficas La Paz
ISBN: 979-13-70202-76-7
Depósito legal: CO-328-2026
Hecho e impreso en España — *Made and printed in Spain*

*A los artistas que, como Alexander McQueen,
han sabido hacer de su sufrimiento la
materia prima de su genialidad.*

Índice

Preámbulo 13

I. LA MODA COMO NUEVA DISCIPLINA ARTÍSTICA 19
   El colapso de la pintura contemporánea 19
   La desbordada subjetividad 24
   La eclosión de una nueva mentalidad 29

II. SUPERMODELOS, DE IMÁGENES DEL
RITUAL CONSUMISTA A ICONOS CULTURALES 41
   La *femme fatale* frente a la feliz virtuosa 41
   El nacimiento del erotismo decente 46

III. RITUALES, REIVINDICACIONES Y NARRATIVAS
DE LOS DESFILES DE MODA 57
   De la tradición europeísta al nuevo poder americano 57
   Códigos y formas heredados de la ópera 64
   Breve apunte de tres diseñadores 70
   Alexander McQueen y la literatura 79

Epílogo 89

Preámbulo

Hoy en día, el arte se percibe como una cuestión económica. En lo relativo a las artes plásticas, el mercado ha absorbido en la práctica todos los demás valores. Una pintura se juzga por su cotización, con independencia de lo que pudieran decir los especialistas, que, en su mayoría, también participan en este juego establecido por el sistema de poder capitalista que mueve el mundo contemporáneo. Yo misma he experimentado esta ruleta con algunas investigaciones que he realizado bajo el encargo de veteranos coleccionistas: pinturas con una mediana calidad artística duplicaban sus ceros si encontraban un hermano en algún museo prestigioso, o si sus anteriores propietarios eran personas de fama, o si había manera de encontrar similitudes con alguna firma emblemática y caer en la tentación de atribuirla. En cuanto a la pintura contemporánea, entran en juego otros factores mucho más dramáticos, como el carisma del artista o su capacidad de convencer sobre sus aptitudes, aunque sean tan invisibles como su dignidad. Ante este panorama tan desolador, cabría preguntarse qué pasa con los verdaderos artistas.

Analizaré en las siguientes páginas el desbarajuste al que estuvo sometida la pintura desde la mitad del siglo pasado. No significa que nada de lo creado desde los años cincuenta en adelante tenga interés, por supuesto que no; pero sí es cierto que, conforme avanzaba el siglo, se producía un agotamiento de esta disciplina, en beneficio de otras que ofrecían otras oportunidades para las personas de alma creativa que necesitaran expresarse. El cine o los videoclips musicales eran formatos que iban adquiriendo más adeptos y, además, estaban vinculados a sistemas de producción que promovían grandes cifras de dinero. Nadie es artista hasta que lo demuestre y, para ello, hay que tener los medios. Las discográficas y las productoras cinematográficas han sido los grandes monstruos creativos de los éxitos populares que han conformado la cultura occidental durante prácticamente toda la segunda mitad del siglo XX. Su apoyo incondicional era la publicidad, que se basaba en otra disciplina de también relativa nueva vigencia: la fotografía.

Ahora bien, las actrices, cantantes y modelos de fotografía tenían que vestirse; y lo que llevaran puesto sería visto y cotizado por todas las mujeres inmersas en el sistema capitalista. Así comenzó una cadena de intereses, que dio acceso a las grandes firmas de moda a un enriquecimiento escandaloso. Esta realidad llamó la atención de empresarios de otros sectores. Un sueño colectivo que, con los avances en el sistema de producción de las marcas de ropa lista para llevar, iba abaratando sus precios y comenzaba a ser accesible para toda la población. La aparición de la moda rápida y barata, respaldada por esos mensajes estudiados y atractivos que estaban por todas partes, hizo de la compra la gran experiencia del final del siglo XX. Su intensidad iba estrechamente unida al prestigio de la marca. Empezaba a comercializarse un nuevo lujo envasado en frascos de perfume, barras de labios, camisetas con el sello distintivo; la calidad del producto dejaba de ser importante en favor de ese estigma colectivo que estaba adjudicado a cada firma comercial. Y, detrás de esa firma, había un nombre, que era la gran estrella a la que había que venerar.

Este panorama se acentuó con la aparición de la nueva categoría de diseñador/estrella, frente al modista/artesano de épocas precedentes. De manera consensuada, se establece en Worth el primer modista que cambia la actitud ante sus clientas aristócratas, endiosando a su personaje y consiguiendo así más celebridad y, por tanto, resultados económicos. Esta actitud se fue generalizando por parte de las siguientes generaciones; se mantuvo válida para unas pocas figuras a lo largo de casi todo el siglo XX, con los nombres que ya todos conocemos y cuyas casas de moda han perdurado hasta el día de hoy. Una vez muertos estos primeros grandes diseñadores famosos, los nuevos empresarios del sector supieron revitalizar sus firmas de una manera salvaje, con nuevos diseñadores más jóvenes y atrevidos que las rejuvenecieron. Así hicieron Galliano con Dior, Lagerfeld con Chanel o Ford con Saint Laurent (en este caso con él aún vivo, algo verdaderamente dramático para ambos). ¿Qué hay de Chanel en una prenda de Chanel ideada por Lagerfeld? ¿Es mérito de ella o de él? Si se considerara arte, ¿a cuál de los dos habría que considerar?

Un nuevo evangelio dictaba las normas y nadie se paraba a pensar si era lícito ese paraguas con el nombre de una persona ya fallecida para amparar y asegurar las ventas de unos productos que no había ideado, ni siquiera aprobado. Si llevásemos esta cuestión a la pintura, sería como si hubiera talleres con el nombre de Picasso o Rembrandt y los cuadros que de ellos salieran tuvieran la misma cotización que un original salido de la mano de esos pintores. En escultura, lo más parecido que se me ocurre es comprar un vaciado de yeso de una escultura de Bernini y pagar y sentir como si tuvieras un auténtico tesoro salido de las manos de ese genio italiano del Barroco. Nadie se para a pensar esta lógica, porque tenemos demasiado asociada la marca al sueño que ella vende o a lo que representó en su momento. Es como si nos hubieran lavado el cerebro en beneficio de la economía de esos nuevos barones que asomaron a finales del siglo pasado de otros sectores empresariales, atraídos por las oportunidades que este nuevo negocio establecía. El francés Arnault es el más conocido. Desde luego, no se les puede quitar mérito a sus hasta entonces inconcebibles operaciones mercantiles, basadas en cualquier cosa menos en el amor al arte, a pesar de su afición a la música clásica.

Siguiendo con esta cuestión de la atribución artística de las prendas, la futura reina de Inglaterra se vistió de Alexander McQueen para su boda en 2011, pero resulta que este ya se había suicidado. ¿Es lícito atribuir ese vestido de novia a este genial diseñador? No, aunque la persona que lo ideara fuera su ayudante y discípula. Pero así está establecido el sistema y no tiene visos de cambiar de momento. Esta realidad va en detrimento de la posibilidad de hacer artistas con categoría absoluta a los diseñadores, porque sus firmas les sobreviven, que es una manera extraña y cínica de decir que ellos son perfectamente prescindibles. Entonces, si la marca continúa incluso de manera ascendente, esta es lo importante, no el cerebro que cree los productos. Si es así, se podría parecer a una producción en serie cualquiera, como los coches o, de hecho, como pasa con los bolsos. ¿Cabe hablar de arte en estos casos? Claramente, no. Con esta lógica, estaría tirando por tierra parte de mis argumentos, porque, como verán en su debido momento, voy a ensalzar como artistas a Galliano y a McQueen; y el primero diseñaba para la casa Dior y el segundo para Givenchy. ¿Eran los artistas ellos o los muertos?

En este circo consumista establecido por el feroz capitalismo que asoló Europa desde la industrialización y el mundo entero desde la Segunda Guerra Mundial, estas mentes poderosamente creativas no eran más que el gancho para que esas firmas subieran como la espuma. Al crear desfiles tan espectaculares y diferentes, la repercusión mediática era impresionante; aún no había Internet ni redes sociales, pero aparecían en la prensa internacional y en los telediarios. La poderosa publicidad que suponían hacía que la ingente cantidad que las casas hubieran gastado en esos espectáculos quedara en una anécdota. Los números se recuperarían en pocos meses a través de bolsos, perfumes y pintalabios, que posiblemente habría ideado un diseñador anónimo que nada tenía que ver con Galliano, y menos con Dior, que ya llevaba varias décadas debajo de tierra. Esa dinámica fue la general durante la última década del siglo, con una exigencia cada vez mayor para los diseñadores estrella, que debían hacer espectáculos increíbles con muy poco margen de tiempo. Carecían de esa recuperación necesaria después de la exacerbación creativa. De ahí que acudieran a las drogas y el alcohol de manera desaforada, para cumplir las expectativas y poder continuar con su creatividad.

Llevar hoy en día un pañuelo de calaveras de Alexander McQueen es un símbolo más que una cuestión de estética. Nada tiene que ver con el arte, y sí mucho con el capitalismo y el consumo de masas. Este final del preámbulo puede ser un desencanto, pero no se puede negar la realidad; esta disciplina, el diseño de moda, está inmersa en un entramado perverso que procura que todo el mundo ande confundido. No sé si a estas alturas he podido aclarar algún concepto o, por el contrario, les he desorientado más. En definitiva, para comenzar con las ideas medianamente claras, a la pregunta de si McQueen fue un artista, la respuesta es rotundamente afirmativa; a la pregunta de si son arte los botines que se venden bajo su marca a día de hoy, la respuesta es igual de rotunda en negativo.

Es importante señalar que trato aquí un arte efímero y pasado. La situación actual es completamente diferente. Entre los diseñadores de ahora, no podría alzar a ninguno tan alto como a los históricos que voy a analizar en estas páginas. Pero no solo por su capacidad, sino porque la escena ha cambiado por completo. El poder que tenía una imagen en los años noventa es inconcebible hoy, cuando su vigencia es de décimas de segundo y se puede pasar a otra con el dedo a capricho del consumidor. Han cambiado los códigos, las mentalidades y las necesidades. La realidad sociohistórica que este libro maneja es solo característica de Occidente —Europa y Estados Unidos— y los escenarios se ciñen al final del siglo XX. La disciplina de estudio, la moda femenina, ha estado siempre cargada de intencionalidad, pero esta ha ido mutando con el tiempo y las necesidades.

Se recoge aquí el momento decisivo en que esta forma de expresión pudo elevarse por fin de la pura necesidad, gracias a la creación de la ropa lista para llevar, y liberarse de esa atadura para rozar lo artístico. El diálogo —o, mejor dicho, la diatriba— entre el nuevo poder norteamericano, desprendido de cualquier arquetipo, y la tradición europeísta, llena de antiguos tabúes y censuras vinculados a las formas de vida de la tradicional burguesía cristiana y su mirada perenne hacia el sueño aristocrático, estuvo marcado por una nueva sensibilidad colectiva. El proyecto triunfante norteamericano, la proletarización de la moda, tuvo unas repercusiones magníficas para el desarrollo de la creatividad europea en este ámbito.

Ortega sostenía que la lectura era una faena utópica: de ella solo se extrae una porción de lo que se quiso decir y, a su vez, se revelan muchas otras que el autor no señaló conscientemente. En otras palabras, este libro recoge un discurso patente y otro latente. Aspiro a que se juzgue con una mirada de curiosa desconfianza. Y lo escribo con mucha tranquilidad. No creo necesario insistir en que aquí se prima la belleza frente a la utilidad.

I
LA MODA COMO NUEVA DISCIPLINA ARTÍSTICA

El colapso de la pintura contemporánea

No descubro nada nuevo si afirmo que el viejo sistema del arte se basaba en la idea de mímesis de la naturaleza; en la búsqueda de una belleza armónica, solicitada y subvencionada por las élites sociales. Con los cambios que la industrialización permitió, esta búsqueda de belleza basada en la objetividad, que tantos siglos tuvo de permanencia, fue sustituyéndose por la creciente supremacía de la subjetividad del artista. La anhelada libertad en cuestiones artísticas también tuvo una desbordante repercusión. Al ser ahora el propio artista el que decidía lo que era «arte», el desbarajuste que rodeó al término fue monumental y accedieron a ese privilegio que conllevaba la condición de artista una cantidad ingente de farsantes y personajillos faranduleros, sedientos de fama como vía rápida para conseguir una vida fácil.

Esto sucedió fundamentalmente en la pintura, que era el soporte que más interés despertaba en la segunda mitad del siglo XX. En el momento histórico en el que nació el conocido «progreso», los cambios en la realidad cotidiana fueron los exponentes básicos que abrieron y dieron sentido a los movimientos de vanguardia y, tras de ellos, a la nueva realidad que será nuestro caldo de cultivo en este ensayo. La mecanización de la vida; la aparición y validación

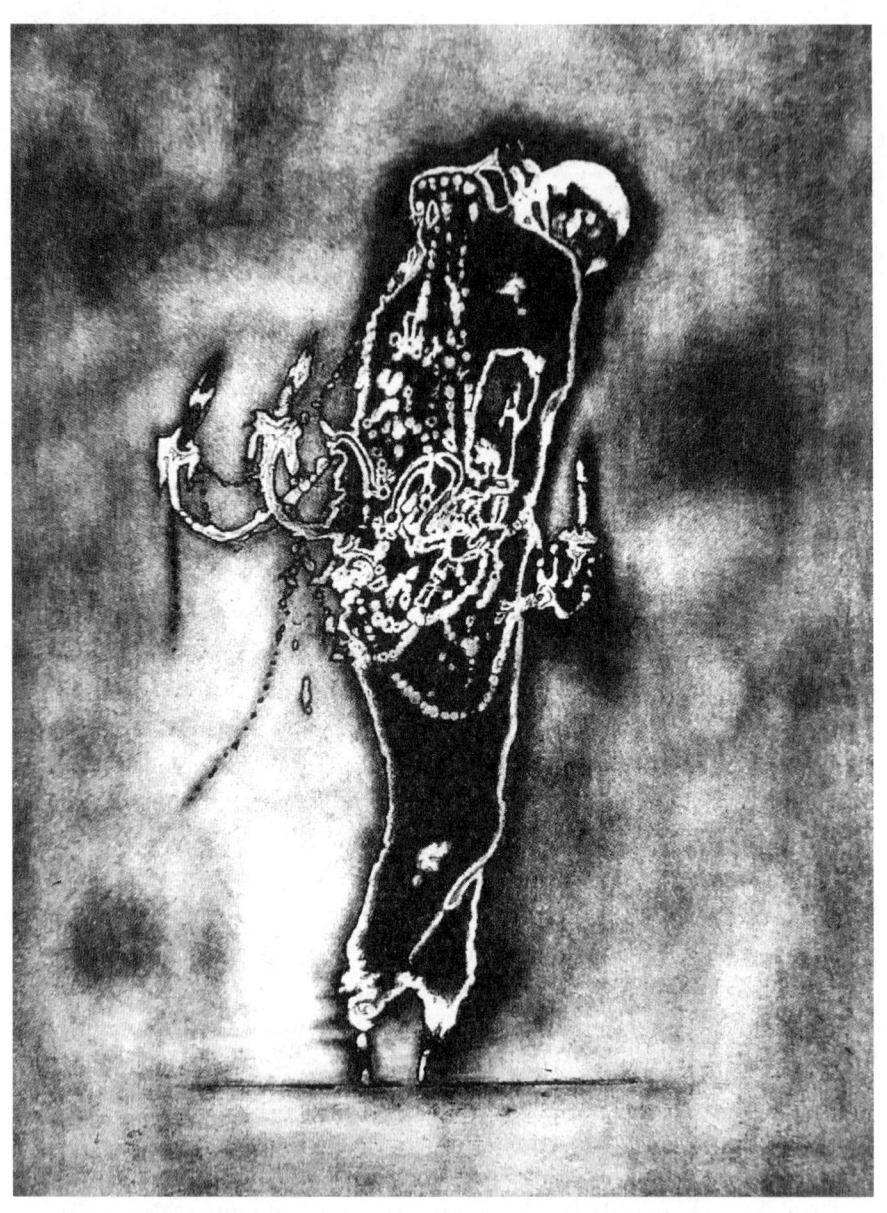

«Los míos van con la luz a la espalda, a veces cargan con una lámpara de cristales de roca tallados». Bernardí Roig: *El hombre de la lámpara II*, 2000. Grabado de aguatinta, 1/35, 123 x 90 cm, ref. 635043. Cortesía de La Caja Negra Ediciones y Bernardí Roig. [Colección particular].

social de la fotografía; las mejoras en óptica y pigmentos —óleos y aceites—; la luz eléctrica, que modificó todas las relaciones humanas; las ciudades inundadas de colores nuevos y vibrantes; el abrupto cambio que supusieron en la mentalidad del hombre la velocidad, automóviles, trenes, motos, aviones: de pronto, todo pasaba más rápido delante de sus ojos. La producción y reproducción mecánica de la imagen (fotografía) fue solo la antesala de los nuevos medios electrónicos (cine, televisión, vídeo). El imaginario colectivo avanzaba al unísono con una rapidez y una homogeneidad desconocidas hasta entonces. Pondré ejemplos concretos.

El fauvismo, que es un movimiento nacido en Francia en 1905, se basó en la utilización aleatoria de los colores: el pelo de una dama de color azul o una copa de un árbol de color rojo. Representó una revolución sensorial acorde con los tiempos. Una inmensa parte de la población estaba viviendo una experiencia afectadísima al mutar de una vida rural, limitada a las tonalidades de la naturaleza, a la agresión visual que suponía el mudarse a las ciudades. El apodo de «las fieras», del que toma nombre el movimiento, va parejo a la idea generalizada de que los artistas, como seres más sensibles y receptivos de estímulos, son los primeros en apreciar y expresar los cambios sociales. Un cartel en rojo vivo era una novedad visual espectacular, no solo por el mensaje que pudiera llevar implícito, sino por las posibilidades que estaban dando los nuevos químicos con pigmentos más llamativos y vibrantes. Luces y colores artificiales por todas partes, frente a los colores habituales del campo, suponían una transformación visual sin precedentes.

Algo parecido sucedió con el futurismo, que es otro movimiento de vanguardia que no se entiende si no se inserta en los avances de la locomoción. Como ya he dicho, la velocidad transformó la vida de toda la sociedad y no solo facilitándole los desplazamientos. Podríamos decir que todo «se aceleró», el ritmo en la manera de vivir aumentó vertiginosamente. Y eso es lo que pretende mostrar esta corriente artística: los distintos planos, las secuencias, ese ritmo desenfrenado y desconocido hasta entonces. La velocidad se convirtió progresivamente en prisa y, finalmente, en ansiedad, la gran enfermedad mental del siglo XXI. La actividad creadora solo se ha ido haciendo eco del vértigo veloz como nueva ley de vida, que comenzó en la Europa de posguerra. El cubismo rompió la perspectiva tradicional que estaba plenamente asentada desde el Renacimiento, experimentando con los planos en un juego cerebral; asimismo, la burguesía dejó de encargar retratos pictóricos para ostentar su rango dentro de sus casas. Ahora había algo mucho mejor e, incluso, más selectivo: el retrato fotográfico. En esos primeros años del siglo XX, conducir un automóvil o tener un retrato fotográfico eran signos de verdadera distinción social.

Tras estas experimentaciones encadenadas y efímeras, desde el final de la Segunda Guerra Mundial, la situación en la que se encontraba la vanguardia artística, fundamentalmente la plástica —que es a la que me estoy refiriendo en este momento—, era de una falta total de perspectivas. La investigación formal que comenzó con el movimiento impresionista, una vez superada la imitación fiel de la naturaleza gracias a la invención de la fotografía, y que continuó con los diferentes movimientos de vanguardia sujetos a la arbitrariedad del color, del movimiento y de la división de planos estaba completamente desacreditada. El final de esta época de experimentación formalista desembocó en los últimos movimientos más o menos consistentes de la vanguardia occidental: el expresionismo abstracto en Estados Unidos y el informalismo en Europa. Ambos, pasada la mitad del siglo, estaban también superados como aportación experimental.

En adelante, todo lo que se hizo fue parodiar lo anterior con más o menos gracia, suerte o desparpajo. Desde las trincheras del arte contemporáneo, el ánimo iba en declive; no así en los círculos del mercado del arte, que conocieron un esplendor sin precedentes en la historia del arte universal. La pintura de las últimas décadas del siglo vivió una gloria tan desconcertante como paradójica: era cotizada como un valor seguro, elitista y sofisticado, al alcance de unos pocos adinerados que se consideraban más cultos y preparados que el resto. Una burbuja de ilusión que vino muy bien a muchos pintores —que no artistas—, que vivieron años de bienestar conseguido gracias a su desenvoltura y desfachatez. Esta vía de expresión, sin embargo, iba eclipsándose y quedando obsoleta ante tanta ridiculez, tomadura de pelo y falsa esperanza.

La tela que conformaba los lienzos permanecía inerte, quieta, encerrada en un rectángulo o cuadrado para ser colgada en una pared. En paralelo, otras telas tomaban un vuelo cada vez más alto, con otra finalidad bien distinta. Este ensayo pretende recoger el sentido y recorrido de esta nueva vía de expresión que se fue desarrollando, precisamente, desde esa mitad del siglo pasado, en la que la pintura comenzó a agotar sus posibilidades creativas. Un camino ascendente, frívolamente tratado desde la perspectiva científica de forma habitual pero con algunos ejemplos que cumplen rigurosamente con lo que se solicita al Arte —con mayúscula—, hastiados como venimos de la infinidad de modalidades y refritos sinsentido de que se ha surtido el mercado artístico de la posmodernidad.

La pintura contemporánea abstracta es la más difícil de juzgar. Las piezas y, por tanto, su creador deben estar imbuidos de pretensiones espirituales, resonancias y vibraciones interiores o exteriores, que pueden estar en parte sujetas al azar o a la subversión, pero debe subyacer siempre una pulsión transgresora, una intención que esté desprovista de lo meramente decorativo. Valga este análisis igualmente para el discurso de la moda.

Bajo mi criterio, y es el que defiendo en este ensayo, no es suficiente tratar de embellecer a la mujer; eso es mera superficie, que además puede ser hasta subjetiva. Debe haber un discurso coherente, una trayectoria que demuestre una ideología sólida, aunque sea tormentosa, que esté pegada íntimamente a la esencia del diseñador y que se vaya desarrollando a lo largo de su evolución. Lo adecuado es que cada vez se perfeccionen más tanto el contenido del discurso como la forma física que utilice para proyectarlo. Con esta premisa como censura, la inmensa mayoría de los diseñadores de moda quedarían desterrados del mundo de la artisticidad. En otras palabras, más sintéticas: un agradable y bien manchado cuadro decorativo es análogo a una confección que siente bien y embellezca a un ser humano, pero esto no es suficiente para ostentar el rango artístico.

La desbordada subjetividad

Durante muchos siglos, los recursos conceptuales utilizados por los artistas, bien fuera en pintura, en escultura, en música, en literatura, en poesía o en teatro, estuvieron relacionados con unos temas muy concretos: el amor, la religión, la mitología (que también son historias de religión, al ser historias de los dioses de la Antigüedad), las escenas históricas de victorias memorables o los retratos de personajes de interés social, político o religioso. No es

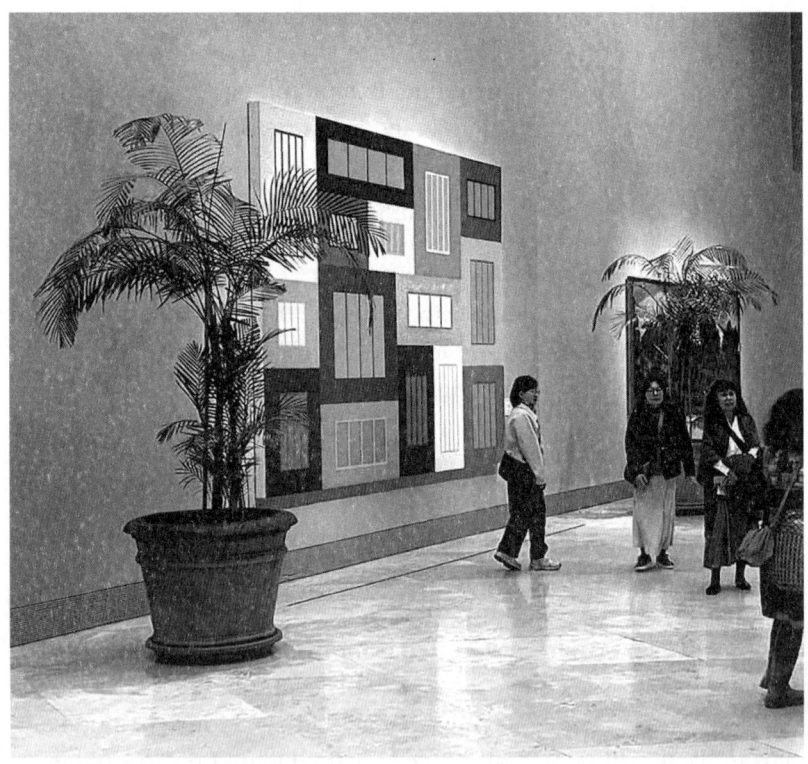

The turning (2008), del artista estadounidense Peter Halley, fue expuesta en el Museo Nacional Thyssen-Bornemisza en 2024. La composición geométrica de celdas, prisiones y conductos, con colores fluorescentes, representa el aislamiento y la interconexión en la sociedad digital.

hasta el siglo XIX que se tienen referencias de obras con explícitos contenidos personales, extraídos de las propias vivencias sin disfraces. Claro que, con anterioridad, los poemas de amor saldrían de algún sitio, pero era impensable evidenciar que era una historia en primera persona. El arte era una cuestión impersonal: el artista siempre estaba en segundo plano, aunque después el tiempo les diera un rotundo reconocimiento. La desbordada subjetividad del artista aparece en la segunda mitad del XIX, haciéndose cada vez más imperiosa, hasta dominarlo todo.

Este nuevo ascenso de lo particular a la esfera artística requiere de otro tipo de conexión entre artista y espectadores. Por ejemplo, una pintura abstracta, de intensos colores, pintada por un alma visceral y apasionada, puede ser rechazada por una persona templada por parecerle incómoda. No ocurría lo mismo con el arte de otras épocas: lo que estaba bien pintado, que seguía fielmente la realidad y la plasmaba con agudeza, gustaba a todo el mundo, sin distinción. Ahora, al ser todo mucho más personal y subjetivo, requiere también de una conexión recíproca, es decir, tiene que haber unos requisitos comunes entre el creador y el receptor que antes se daban por sentado.

Esta realidad hace que el criterio que aquí voy a volcar sobre los que considero que son diseñadores dignos de entenderse como artistas pueda ser puesto en entredicho. Alguien podría decir que los discursos que ellos defendieron no les llegan, o no les interesan, o son muy desagradables, o no son estéticamente de su agrado. Sin embargo, lo importante y lo que me hace dejar mi sentencia por escrito de manera tajante son dos cuestiones. En primer lugar, que sí hubo discurso, cuestión que no está al alcance de casi ningún artista de la segunda mitad del siglo XX (el tiempo lo dirá); y en segundo, que el discurso es rico y coherente, y tiene raíces hacia atrás y hacia adelante.

Cumplidas esas premisas, no importa cuál sea el soporte que el artista escoja: la cámara de fotos, una aguja, una máquina de escribir, una batuta o una guitarra. De un alma de artista no se pude renegar: si se nace con ella, las cosas que se tienen en contra son muchas, pero el dejar rastro es casi obligado, por no decir inevitable. Volviendo al tema que aquí nos ocupa, la moda de lujo, para su representación a finales del siglo pasado se necesitaron varios tipos de creativos. En lugar relevante estaban las supermodelos, que, no siendo artistas, debían fingir que también dominaban esas esferas con sus actitudes, su desenvoltura y sus formas de vida; ellas eran estrellas del celuloide, musas y todo lo que hiciera falta, porque lo valían y, sobre todo, porque nos debían convencer a todos de ello. El fotógrafo fue un factor crucial en todo este ascenso. No se trataba solamente de dominar la técnica: Peter Lindbergh, Helmut Newton y Steven Meisel creaban mensajes, decidían actitudes, dirigían el consumo de alguna manera. Son figuras muy relevantes para comprender toda la estrategia que intento aquí desarrollar.

En este sentido de búsqueda de lo excepcional es en el que tenemos que situarnos. La fantasía auténtica que ha caracterizado a los verdaderos artistas de todos los tiempos, engarzada en un discurso sólido y coherente, era la única capaz de conmover, de emocionar y de enamorar a todos esos seres incapaces de crear pero ansiosos por sentir: el público. Hay que buscarla en cualquier disciplina, porque el hombre ha utilizado a lo largo de la historia múltiples soportes y técnicas para expresarse. Son medios de expresión, pero no tienen por qué ser expresión artística en sí. Esta idea es fundamental para la comprensión total de lo que en este ensayo trato de explicar y, por tanto, la repito una vez más: una persona puede utilizar un pincel, óleos y lienzos, y decir que es un pintor, pero eso no significa que sea un artista y, mucho menos, que el resultado roce la artisticidad. Lo mismo sucede con la fotografía o con la creación de indumentaria, que es, a fin de cuentas, lo que entendemos como moda.

El factor común es la creatividad, entendida como una especie de magia que ilumina el pensamiento, haciendo imaginar y producir objetos fascinantes, asombrosos, que bien pueden ser objeto de polémica, así como blancos reiterativos para la condena moral. Al verdadero artista, que es huidizo por naturaleza, le son consustanciales cierto salvajismo y una actitud vital anarquista; todo ello guarnecido por una persistente desesperación subliminal, que puede exteriorizarse de maneras muy diferentes, desde actitudes divinizadas hasta otras irónicas, que lleguen al más puro sarcasmo. La sutileza de penetrar en los terrores del alma, arrancando pétalos de las flores del mundo natural, suele hacerse trabajando en la intimidad de sus respectivos talleres. Solitario trabajo del artista, que, si necesita de otros para elaborar sus obras —como es el caso de los diseñadores de moda—, va manifestando sus excentricidades y rarezas a medida que avanza su éxito, en una lucha infernal contra sus propios instintos.

Hay un ejemplo irrefutable de un ser que, mediante la utilización de telas, tijeras, agujas, hilos y un sinfín de materiales más, creó uno de los grandes legados artísticos del siglo xx. Es un diseñador de moda con un imaginario riquísimo; una obra fundamentada perfectamente en realidades comunes, así como en una fantasía excepcional engarzada en su propio sufrimiento; una capacidad indiscutible para rozar lo sublime; y una personalidad complicada y difícil, como la de todos los artistas. El británico Alexander McQueen es uno de los grandes genios del arte a caballo entre el siglo pasado y este. Su obra está apoyada en la literatura; en el cine; en la historia de su país, de sus raíces; y en sus propios fantasmas personales. Utilizó el cuerpo femenino como soporte para su inmensa creatividad, pero no con la simple ilusión de embellecerlo: había algo más. Sus puestas en escena eran apoteósicas. De él me ocuparé más adelante con detenimiento.

No es el único diseñador de moda que podría aspirar a esta categoría, pero tampoco hay muchos más. Ni siquiera la propia Chanel tiene los requisitos que aquí defiendo para situarla como referente en este ensayo. Es cierto que ella innovó y revolucionó algunos conceptos afines a la indumentaria femenina, pero carece de sustento ideológico. No veo que haya nada más allá de una capacidad asombrosa para visualizar las necesidades antes de que surgieran, un tesón y una ambición desmedidos, y un sentido muy refinado y agudizado de la estética, que empezaba por ella misma. Tenía algo que es común a muchos diseñadores: un claro deseo de inclusión en las altas capas de la sociedad a través de su oferta exclusiva de prendas de gran calidad e innovación. Claro que esto tiene más que ver con la artesanía que con el trabajo artístico. Si tuviera que señalar dos personalidades más de la segunda mitad del siglo XX que cupiesen en la categoría de artista, serían Yves Saint Laurent y John Galliano; me centraré en ellos más adelante. El legado de Karl Lagerfeld es paralelo al de Andy Warhol en pintura: ambos supieron ensalzarse de tal manera que consiguieron convencer al mundo entero de su discutible talento artístico.

Llegados a este punto de mi explicación, y siguiendo con el objetivo claro de responder a la cuestión sobre la artisticidad de la moda, voy a analizar a continuación los valores occidentales en auge que provocaron el cambio social que posibilitó el alzamiento de prendas textiles en movimiento a la categoría de Arte. La rabiosa y creciente necesidad que tenía la población de comprar ropa, complementos y otros objetos que la distinguieran socialmente, dándole seguridad para sentirse validada y consecuente con las nuevas costumbres, fue la que permitió que la fantasía se apoderara libremente del mundo de la alta costura, liberándola de la pura necesidad de vestir cuerpos para ocasiones reales.

Como ya hemos visto, los avances tecnológicos que propiciaron el capitalismo triunfante son inseparables de nuestra cultura contemporánea. Modificaron los comportamientos, los hábitos y, poco a poco, las sensibilidades. Podríamos hablar de una nueva espiritualidad colectiva asentada en esas oportunidades: un nuevo conjunto de creencias, sentimientos de veneración, normas morales para la conducta individual y social, y prácticas rituales para darles culto. Voy a ir analizándolas para que no piensen que estoy retorciendo conceptos en lugar de hacer que salgan en línea recta. Pero antes quiero insistir en que nuestra vida actual no tiene correspondencia exacta con las ideas que ahora voy a señalar. Analizo la segunda mitad del siglo pasado y avanzamos ya por el primer tercio de este. Voy a dibujar el espíritu de una edad muy cercana, pero caduca en muchos de sus aspectos. Fundamentalmente, por la aparición de un nuevo medio de conexión social revolucionario, que nos está transformando lenta y profundamente: Internet.

La eclosión de una nueva mentalidad

La transición entre la antigua fe heredada del siglo XIX, que centraba sus principios morales en el deber, la moderación, la familia, la pureza y el trabajo duro; y la nueva fe fue larga, obviamente. No se construye una mentalidad en una década; sin embargo, la eclosión de todos los elementos que la conformaron tuvo lugar de manera apasionante en los últimos años del siglo XX, que también fue el final de todo un milenio. La nueva sensibilidad colectiva estaba sustentada en varios aspectos, que fueron madurándose, sobre todo, desde la mitad del siglo en adelante. No hay que olvidar que, en la primera mitad de ese siglo, Occidente estuvo inmerso en durísimas guerras que cambiaron la balanza del poder político y económico, y, por tanto, de los referentes culturales y del gusto.

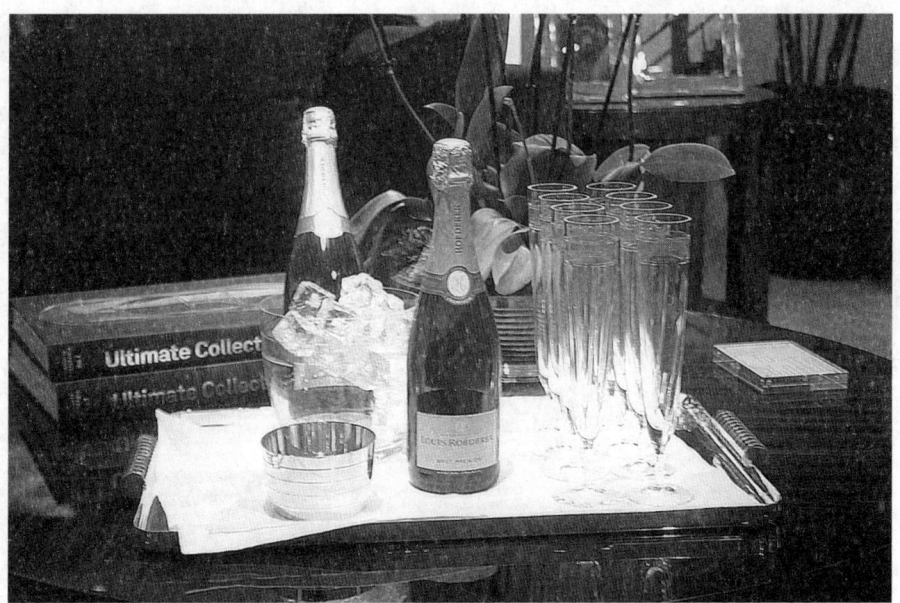

El champán tiene naturaleza de bien suntuario desde la Francia de Luis XIV. A lo largo de los siglos, este vino espumoso ha sido un envolvente sentimental esencial y absolutamente chic.

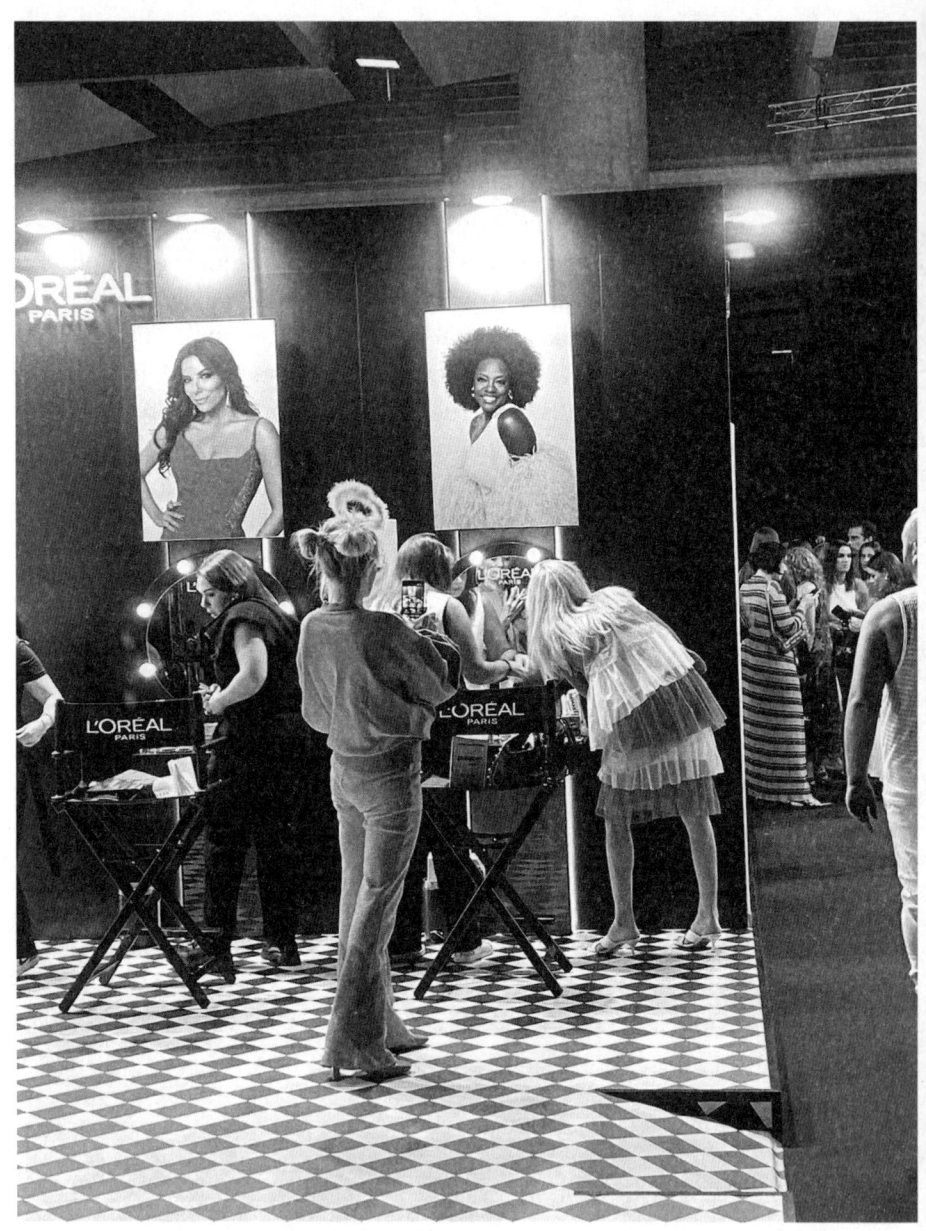

Con el cambio de milenio, la conexión emocional con el
público se reveló mediante otras fórmulas. Las pasarelas
se democratizaron a través de las pantallas.

Los pilares de la nueva fe fueron la búsqueda acelerada del placer (no tanto como goce físico, sino más bien el placer de complacer, sorprender y deslumbrar); la intensificación del sentido de fugacidad terrestre: la pena por envejecer, la nostalgia de juventud y la conciencia de la inminencia; la aspiración colectiva a una vida más bella, la pasión por los objetos bonitos y en sintonía con los tiempos; el ritmo precipitado de las frivolidades y de lo efímero, lo fugaz; la dignificación de las normas del presente social; la libertad entendida como ruptura con las normas encorsetadas del pasado, sobre todo, en lo relacionado con el universo femenino; y el ascenso vertiginoso del poder social de los signos ínfimos, que se exteriorizaban claramente a través de la indumentaria y los objetos personales.

Cada vez con mayor protagonismo social, podría señalar tres pilares/conceptos sobre los que se sostuvo la nueva sensibilidad colectiva: mujer, juventud y libertad. Para comenzar a poner ejemplos reales vinculados al tema de este ensayo, destacaré la portada de la revista *VOGUE USA* de noviembre de 1988, pues marcó una línea roja: en ella hubo un cambio importante de actitud, que se fue implantando como norma. Hay que tener presente que la influencia de esa revista en ese momento histórico es inconcebible a día de hoy, pues actualmente las fuentes de información que nos nutren son mucho más numerosas, diversas, efímeras y, por tanto, poco influyentes. En aquellos años que aquí retrato, esta revista era entendida como una especie de «biblia sagrada» sobre las tendencias y las exigencias de la sociedad de éxito mundial.

La citada portada ochentera fue creada por algunos de los protagonistas más directos en la evolución de la moda contemporánea. No es casualidad que sus nombres sigan actualmente considerados fundamentales para entender la evolución de buena parte del mundo capitalista del período entre dos siglos, aunque ya ninguno de los dos está en activo. Me refiero a Anna Wintour, que fue editora jefa de esa cabecera desde ese año hasta hace unos meses; y a Peter Lindbergh, fotógrafo alemán fallecido en 2019. La portada está protagonizada por una joven y natural modelo israelí, Michaela Bercu, vestida por la editora francesa Carlyne Cerf de Dudzeele con un jersey del diseñador francés Christian Lacroix y unos *jeans* de la marca italiana Guess. Como ven, se trataba de la edición de una revista norteamericana pero ninguno de los protagonistas lo era. Este dato es importante, tal cual comprobaremos más adelante.

La portada de la que era una de las revistas de moda femenina más leídas del mundo presentaba a una bella y desenfadada mujer joven, con una inmensa cruz dorada con piedras de colores incrustadas que le cubría todo el pecho. La cruz, que es innegable que hacía alusión al poder espiritual de la religión más importante en el mundo durante todo el milenio, era además el símbolo del diseñador escogido: Christian Lacroix. Un jersey negro, neutro, que la chica llevaba arremangado, como quitándole formalidad, contrastaba magistralmente con el inmenso símbolo espiritual que la divinizaba como una nueva diosa de la modernidad: mujer joven y libre. Era un momento álgido para este francés amante del arte y de la artesanía, acababa de inaugurar su propia casa de alta costura. Su estilo desenfadado y juvenil casaba a la perfección con el lujo brillante que esa portada solicitaba.

La joven modelo (muy joven) de cara redondita muestra una sonrisa franca, dientes perfectos, melena aparentemente despeinada y al viento, sin joyas —la cruz todo lo inunda—. Frescura, naturalidad, espontaneidad, todo muy saludable. Para rematar estas sensaciones de modernidad/libertad/juventud, acompañaba el jersey «de diosa» con la prenda americana por antonomasia, el símbolo estandarizado de la nueva juventud poderosa: el pantalón vaquero. Supuso esta la primera vez que esta prenda aparecía en la portada de una revista: un hecho revolucionario de un alma osada, la ya citada editora jefa Anna Wintour. Esta mujer inglesa tenía treinta y ocho años cuando tomó las riendas de la edición norteamericana de la revista *VOGUE* y esta fue su primera y revolucionaria portada. Se jugaba mucho y apostó fuerte. Se arropó bien con la estilista Carlyne Cerf de Dudzeele, que había trabajado previamente en la edición francesa de la revista *ELLE*; así como con el artista que transformó la estética occidental finisecular a través de su cáma-

ra, como veremos próximamente: el fotógrafo alemán Peter Lindbergh. De aguda mirada y perspicaz ingenio, este hombre es indi-
sociable de todo el argumentario que encierra la moda occidental
de las dos últimas décadas del siglo xx.

Antes de seguir con él, aludiré a otra aparición —en este caso
muy polémica— del símbolo cristiano en un desfile de moda de
aquellos años. Con un vestido de la colección primavera-verano
1993, Karl Lagerfeld colocó a la modelo negra Naomi Campbell una
gran cruz a modo de collar sobre un pecho desnudo. Un vestido de
color lila, entre lavanda y malva, fue paseado con descaro por esta
famosa modelo con un tirante caído, como de forma casual, despreocupada. Un claro desafío al convencionalismo. Se trataba de
llamar la atención y de causar impacto, y, sin lugar a dudas, este
objetivo estuvo cumplido. Lagerfeld se declaró ateo, pero la analo-
gía de la nueva diosa joven, sexualmente libre, con el símbolo religioso por antonomasia en Occidente vuelve a manifestarse de manera explícita. Esta nueva frivolidad caminaba al son del pop, la
música disco; Madonna, *Material Girl*; George Michael, *Freedom*,
para unos; el grunge, el *punk rock*, el *hard rock*, Nirvana como estandarte *Smells like teen spirit* para otros. Y siempre los mismos
códigos subyacentes: libertad, juventud, sexualidad, frivolidad.

Si tuviera que establecer otra imagen fundamental, más allá de
manida portada del *VOGUE* británico de enero de 1990 con las cinco
top models sobre la que tanto se ha escrito, sería la fotografía toma-
da ese mismo año de 1988 en la playa de Malibú (Los Ángeles, Ca-
lifornia); seis chicas jovencísimas se divierten como animalillos libres en la naturaleza. Sus nombres todavía son conocidos, pero ya
les adelanto que esto es cuestión de tiempo: finalmente, serán todas anónimas. La imagen quedará, eso sí, y es obra del mismo fotógrafo mencionado, uno de los artistas más influyentes del siglo xx.
Camisas masculinas, amplias, blancas, limpias, ligeras, al viento, y
braguitas como única indumentaria: ¿fotografía de moda? Pues sí.
Pelos recogidos en moños improvisados; despeinadas por el viento, por la humedad del mar, la sal. No hay joyas, no hay maquillaje. Reina una atmósfera que transmite felicidad, despreocupación,

frivolidad y una sexualidad sin censuras muy matizada, casi subliminal pero también presente. La composición es magnífica. Son como cachorrillas jugando entre ellas, bellas, libres, limpias, adorables. He aquí las nuevas diosas de la contemporaneidad.

Peter Lindbergh vivió toda la segunda mitad del siglo xx y falleció, como ya he dicho, en la segunda década del siguiente, de manera que, en los años que aquí señalamos, estaba en una espléndida y poderosa madurez. Este artista con mayúsculas fue el encargado de construir con su instinto la nueva imagen de la mujer del período que retratamos, poniendo el foco en su rostro, en el gesto, en la actitud, por encima de la ropa que llevara. Renegó de las tenden-

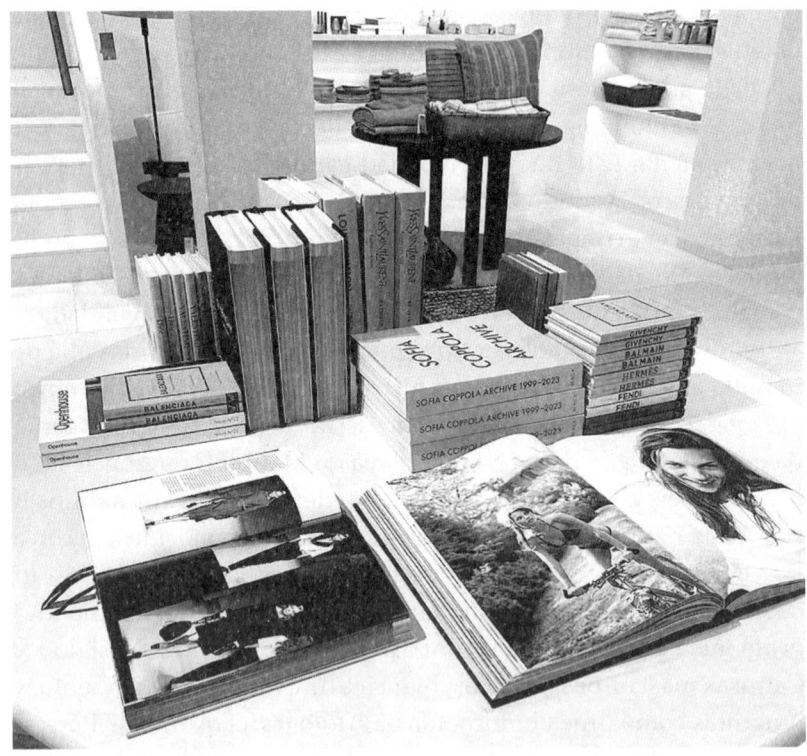

Para los entusiastas de la moda y la fotografía, en las últimas décadas se ha ido publicando una amplia gama de libros que, además de ser muy decorativos, capturan la historia, el arte y la técnica de la fotografía de moda.

cias vigentes a su alrededor y apostó por su intuición, acertando plenamente. Un dominio técnico indiscutible sumado a una mente prodigiosa, a una sensibilidad superior, que supo apreciar el valor en auge que la nueva feminidad demandaba. Supeditó lo accesorio (ropa, maquillaje, joyería) a lo esencial (la personalidad, los sentimientos, las emociones y la narración de una historia particular). «Ese segundo que lo abarca todo». Ninguna feminista actual llega a este hombre a la altura del zapato. Él sí que supo ensalzar y poner en valor la libertad de la mujer, su valía y su versatilidad por encima de su rol clásico de mujer-objeto.

Lindbergh tenía un buen gusto extraordinario, un sentido del equilibrio y del ritmo muy germánico y, a la vez, perfectamente inserto en la nueva dinámica de vida estadounidense. Estuvo fuertemente influenciado por el cine del expresionismo alemán, películas que se planteaban cuestiones formales y estéticas que surgían de las vanguardias pictóricas de los años veinte del siglo pasado; en aquel cine que tanto visualizó este fotógrafo en su juventud, la cámara deja de mirar y entra de lleno en la trama, convirtiéndose en elemento expresivo y dramático. Sus fotografías en blanco y negro embellecen lo natural sin complejos y, si era conveniente para el resultado buscado, simulan más que muestran. Es su obra muy poética; se aprecia la atmósfera, que matiza, enfatiza y completa la información, aunque sea un riguroso primer plano. Fue capaz de captar el espíritu de su tiempo. En este caso, el vehículo fue la cámara fotográfica, y el soporte, el papel fotográfico (hoy imagen digital) o el papel *couché* de las revistas de moda femeninas. Su sensibilidad le permitió acertar, invirtiendo los valores drásticamente, de manera que fueran las modelos las protagonistas. Sí, trataba de desnudar almas y aquello era fotografía de moda.

En el marco del nuevo estilo de vida, hay dos ingredientes más que aún no he mencionado: la satisfacción inmediata y el éxito ligero. En este ascenso tuvieron mucho que ver los amplios y luminosos nuevos grandes almacenes, supermercados del derroche de lo no necesario. El nuevo consumidor, desconcertado por los fogonazos, se arrodilló ante la diosa Publicidad y la veneró hasta la saciedad, comulgando con el mensaje social comunitario que emitía: «Compra sin piedad; cuántas más bolsas, más éxito, mayor culto a la deidad, más piadosa serás y, por tanto, más buena y más querida». Un mundo lleno de un nuevo fanatismo religioso, esa nueva religión laica que estamos definiendo. Metafóricamente, la religiosa se prepara para salir a comulgar; compra, compra y compra; y vuelve a casa cargada de fe, pero, conforme vacía las bolsas en casa, pierden el brillo y la magia. Se vuelven comunes, prendas de vestir sin más, pintalabios corrientes; algo está sucediendo: una nube gris de insatisfacción y de desconcierto lo inunda todo. Hay que volver pronto a la iglesia: «Necesito más cosas para ser digna y feliz».

Las modelos, los desfiles, los anuncios prometían otra realidad. Prácticamente nadie se paraba a hacer un análisis, así que el problema era de uno, que no había comprado suficiente. Los iconos consumistas cumplían con su obligación de alienar a la población, que cada vez consumía más y se preocupaba más por su imagen en detrimento de su salud mental; los referentes eran tan irreales como inalcanzables. Detrás de este altar de la nueva fe que hemos establecido aquí, de belleza natural, de joven despreocupada y libre de censuras, solo hay un concepto. Es el que rige todo, el verdadero dios de la contemporaneidad: el dinero. Así lo demuestra el hecho de que es en este período que vamos a analizar cuando se establecen los grandes grupos que cobijan a las firmas de lujo internacionales. El poder de la moda pasó a manos de unos empresarios que igual podrían trabajar con ladrillos que con carne de cerdo. Sin embargo, estos hombres ambiciosos, algunos de los más ricos del mundo, pusieron el foco en el mundo de la moda como promesa de riqueza sin igual. La nueva fe no engañaba a nadie, avanzaba sigilosa pero firme y ya tenía a sus apóstoles.

La fusión de la industria y la moda implicó un cambio de mentalidad, que también quedó exteriorizado con el acceso a la cultura de la mayoría de la población civilizada. Las corrientes de arte moderno europeo influyeron notoriamente en la transformación democrática de la moda internacional. El cine, ese oscuro lugar en el que un grupo de personas fantaseaba a la vez con personajes que se movían, hablaban, se besaban, bailaban, fumaban y, cómo no, vestían como dioses inalcanzables, fue clave. ¿Inalcanzables? Había que intentarlo. Este fue otro punto fuerte en la aceleración del consumo. El nacimiento del *prêt- à-porter*, el *ready to wear* o la ropa lista para llevar fue el pistoletazo de salida para la escisión que abrió las posibilidades creativas a la alta costura. La primera ola generalizada de ropa confeccionada en serie tuvo lugar en los años sesenta. El hecho revolucionario de que las prendas que eran tendencia no fuesen necesariamente hechas a medida, con unos tiempos muy largos, la incertidumbre de ver el resultado final y unos precios en exceso elevados para la clase media, supuso una innovación tan espectacular como trascendente. La nueva posibilidad de ir a una tienda, probarse la prenda deseada y, ¡zás!, a la calle con ella, era casi milagrosa; demasiado sensacional para ser real, pero lo era, y definitivamente.

Progresivamente, se produjo un desinterés por la ropa de lujo, que se empezaba a asimilar a lo caduco, lo obsoleto, al mundo viejo y decadente. La ansiada modernidad imponía que lo novedoso era lo válido, que la rapidez era fundamental y que lo fugaz era *sexy*. La promesa de felicidad tuvo pronto unos nuevos templos en los que esparcir las oraciones de esa nueva necesidad consumista: los grandes almacenes; estos espacios amplios, llenos de brillo, con puertas inmensas que invitaban a desfilar por sus plantas llenas de joyas modernas, apetecibles, provocaron una mutación social colosal, no solo estética sino también simbólica. El nuevo ocio era comprar, pero la compra debía ser inminente, rápida. Algo así como tener una cita un viernes por la noche y ese mismo día salir a por el disfraz de diosa y acertar de lleno, todo a golpe de talonario. Fugaz la ropa, fugaz la conquista y fugaz el placer; todo muy *funny*, eso sí.

Una fiesta creada para fomentar el consumo, que no estaba exenta de jerarquías sociales. Para marcar las capas sociales existían las marcas, que establecían la pirámide con base en el poder adquisitivo y ya no en cuestiones educacionales o de rango familiar. La realidad creativa en torno a la moda cambió de forma drástica el juego social, democratizándolo bajo la bandera del dólar americano. No me refiero ya aquí al joven de Levi's Strauss y Lacoste frente al de un Lee y un Benetton. Claramente, las marcas establecían distinciones, pero todo era a fin de cuentas ropa industrial hecha en serie con mejores o peores calidades, que no siempre tenían que coincidir con el precio de las prendas; de hecho, dicen las malas lenguas que las marcas se empezaron a exteriorizar en América, porque allí eran incapaces de distinguir calidades y el sello de garantía era lo único que los animaba a la compra, como a ciegas. Una humillante realidad, que lamentablemente todos hemos compartido alguna vez.

La situación parecía colaborar a la deseada liberación de la mujer contemporánea, aunque en realidad este vergel de facilidades escondía un caos absoluto, que muchas han pagado muy caro. De nuevo, la inquietante reflexión moderna sobre el desdoblamiento, la doble visión simultanea del interior y el exterior. Como estandarte, la nueva religión exteriorizada en una marca, como si fuera un crucifijo: vírgenes de oro envueltas en papel celofán, en forma de bolsas de papel con logos impresos; lujo, lujo, lujo, pero ¿qué tipo de lujo era ese? Aceptado consensuadamente, ese era el lujo de las masas, el de la gran mayoría de la población, que desplegaba rabioso y ansioso unas alas ficticias. No obstante, abría las puertas a otro lujo muy superior, que rozó lo sublime y duró poco, apenas unos años. Es el que da sentido a este ensayo. Y arranca justo desde este momento en que la ropa industrial para masas va perfeccionándose, cambiando cada temporada para enganchar y enamorar a sus víctimas.

La velocidad y la eficiencia de las nuevas prendas, ya confeccionadas en serie, fueron fundamentales para el éxito de ese nuevo sistema artístico de la moda, que es el que aquí nos interesa. Al liberarse de la necesidad de ajustarse a la ropa de calle, la alta costura comenzó a volar en la fantasía de las mentes más creativas y llegó al cénit de su historia en las últimas décadas del siglo xx. Los nuevos materiales que iban apareciendo gracias al desarrollo industrial, como el nailon o el plástico, iban encontrando su protagonismo también en los ateliers más cosmopolitas. Cumplida la misión de vestir a las mujeres de todas las clases sociales, el diseño de ropa quedaba libre de ataduras. Algunas de las grandes firmas ya metamorfoseadas en lujosas marcas comerciales también habían caído en la tentación del *prêt-á-porter*. La pura fantasía quedaba libre de obligaciones.

El caldo de cultivo para la escisión era una realidad palpable. Llegados plenamente los años ochenta, la vía experimental quedó libre de ataduras prácticas o funcionales. La costura a medida había quedado obsoleta, apenas algunas mujeres en el mundo habían quedado ancladas a esta costumbre. Como consecuencia, apareció la magia. Ya no había excusas para los genios de la aguja. Se había abierto una nueva vía de investigación libre de la utilidad, del comercio y de la necesidad.

Apareció una nueva sala de exposiciones para un nuevo arte contemporáneo: los desfiles de moda, entarimados ya, y no a ras de suelo como antes; con unas nuevas diosas, las supermodelos. Los desfiles tenían narrativas: había una ideología, no solo la necesaria búsqueda de la belleza, mucha belleza; con puestas en escena cada vez más estudiadas y grandiosas. Fueron estos los verdaderos espectáculos de lujo de finales del siglo XX. Los diseñadores se hicieron tan famosos como los actores de Hollywood y las estrellas del rocanrol o del pop. De la ópera del siglo XVIII a los desfiles de alta costura de finales del siglo XX: el arte de las élites.

Esta exclusiva oferta cultural del lujo no hubiera sido posible sin el asentamiento de esta nueva sensibilidad que vengo definiendo. Tomó plena posesión a partir de la década de los ochenta y alcanzó a su cima a la mitad de la siguiente. Era compatible con todos los valores de todas las clases sociales, religiones, razas y edades. La inquietante realidad moderna sobre el desdoblamiento, es decir, la doble visión simultánea sobre el interior y el exterior, se inclinaba irrevocablemente hacia la apariencia, descuidando hasta lo enfermizo todo lo espiritual.

En este contexto, una mujer de treinta y cinco años cómodamente casada y perfectamente católica también quedaba atrapada en esta nueva ilusión aparentemente mística. Era una red superior que envolvía todo lo de abajo, abarcando cualquier ideología, que, por mucho que se resistiera, de una u otra manera quedaba atrapada en sus ideales. Moños aparentemente hechos al azar, pero que llevaban decenas de intentos para parecer precisamente azarosos; melenas estudiadísimamente despeinadas, buscando ese sinónimo de libertad a través de los cabellos; vaqueros a todas horas y para todas las ocasiones; con tacones, con dorados y mil brillos.

De pronto, una ola de minimalismo se coló por la rendija. Pareció aquello como que, de tanta luz encendida, saltaron los plomos. Pero nada eso: de nuevo, era un espejismo buscado y meditado. Había que tirar todas las joyas, los excesos eran ordinarios. El gris era el nuevo oro. Duró poco: había que volver a salir de compras, nunca era suficiente. Ese nuevo dios capitalista estaba presente todos los días, exigiendo más; siempre le faltaba algo. Y, de fondo, las bellezas desconcertantes aparecían aquí y allá recordándote que podías ser más joven, más bella, más libre, más feliz; solo hacía falta una cosa: salir a comprar.

La revolución tecnológica aún no había tenido lugar, de manera que el acto de consumir era una experiencia real, chispeante e ilusionante. Una promesa de felicidad ficticia pero que fue muy válida para muchas personas. El confesionario había mutado en un mostrador de Zara. Cuántos divanes de psicología habrían ahorrado ingentes cantidades de problemas económicos a familias enteras de clase media. El poderoso era el que más tenía, el que mejor compraba. En paralelo, despegaba la moda de lujo, la estratosfera de los verdaderamente privilegiados.

A medida que avanzaba el siglo, prevalecía la concepción estetizante de la vida, hasta el culmen de la exuberancia que tuvo lugar en la última década. Hago aquí un inciso para recordar que el pulso lo toman siempre esas almas femíneas, impresionables, sentimentales, casi incoherentes, volubles, que se estimulan a sí mismas en mares de dudas y dificultades, y, sin saber cómo dominarlas, burbujean en la creatividad en busca de más peligros para perecer entre ellos. Una definición de artista bastante tradicional, pero igualmente aplicable a este nuevo ámbito.

II
SUPERMODELOS, DE IMÁGENES
DEL RITUAL CONSUMISTA A
ICONOS CULTURALES

La femme fatale *frente a la feliz virtuosa*

En mi intento continuado por ir al grano, evitando perspectivas
históricas reincidentes y sobreentendidas, trazaré solo una brevísi-
ma línea que nos conecte pasado y presente sin entretenerles con
aburridas obviedades. Desde la Antigüedad, la asociación de belleza y divinidad, como transmutación de que la primera es sinónimo de bondad, superioridad y virtuosismo, es clarísima. Durante
muchos siglos, las representaciones escultóricas de las divinidades
fueron el referente que tuvimos para conocer los códigos estéticos;
con la estabilización del cristianismo como religión oficial de Occidente, se unificó la estética femenina en una sola mujer, la Virgen
María, que era la más bella de todas las mujeres por razones obvias.

Con la excepción de los retratos de reyes, aristócratas y alguna
que otra cortesana, nuestra imagen de la mujer ideal durante bas-
tantes siglos es la que nos muestran los cuadros religiosos, que re-
presentan la gran mayoría de las pinturas occidentales de la Edad
Moderna. Los cuadros de historia y los mitológicos dan también
alguna pista, pero sin olvidar que, en los primeros, apenas aparecen figuras femeninas y, en los segundos, se podía fantasear en
otro plano diferente al de los códigos reales, puesto que eran esce-

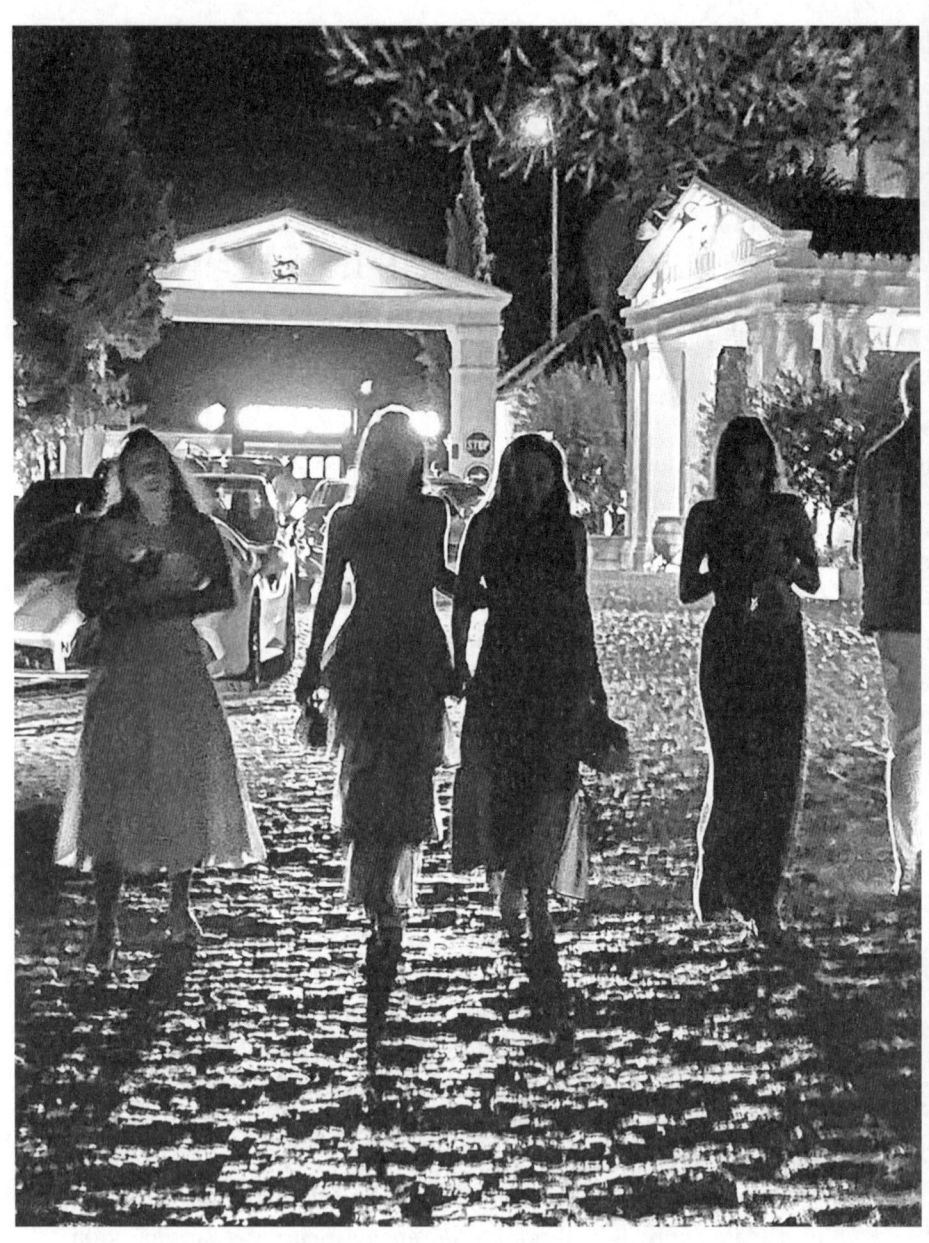

El clásico arquetipo de mujer fatal ha dado mujeres empoderadas,
independientes y complejas que utilizan su intelecto, belleza y
sensualidad para tomar el control de su propia narrativa.

nas que representaban otra época y no estaban vinculadas a la religiosidad vigente, esa que marcaba todos los ámbitos de la vida y de las creencias.

En el siglo XIX, a pesar de permanecer esa ideología cristiana tan arraigada, comenzó a despuntar una figura femenina nueva y amenazante, fascinante y embriagadora, que se iba definiendo socialmente en torno a un físico poderosamente erotizado. La mujer fatal ha tenido importantes antecedentes en todas las culturas, pero este rastreo ya está muy hecho en varios trabajos sólidos, con lo que aquí solo nos interesa como contrapunto a la mujer decente, aceptada socialmente como la de la moral correcta y honorable, frente a esa mujer libertina y de sexualidad peligrosa. La sensibilidad erótica iba despertándose lenta pero imparablemente.

Desde el siglo XVIII, la pintura galante es un claro ejemplo de lo que expongo, seguida de una literatura cada vez más erotizada que tenía su reflejo en la indumentaria, en las formas de comunicación visual y en los juegos sociales relacionales. La mujer de clase social alta, en los países más desarrollados de Europa, imitaba en sus formas de vida a la realeza, pero quizás en ese espejo es donde estaba precisamente el peligro, y no voy a poner ejemplos, porque creo que no hace falta y porque así no me pillo los dedos innecesariamente; prefiero dejar las exposiciones personales para cuestiones más artísticas.

Ahora vamos a teñir nuestros pensamientos con tinta color carne, dejando turbios intermediarios, como aquel poeta que, al trepar un árbol, se queda suspendido entre el cielo y la tierra, sin poder subir ni bajar. Procedo a recordar los orígenes del concepto de *femme fatale* estereotipado en la mítica y original Carmen, la que el francés Mérimée creó en 1845, en el seno del Romanticismo oscuro. Este mito erótico andaluz encarna el espíritu de esa nueva mujer que ha servido y aún sirve de musa a muchos diseñadores: expresa la fatalidad del deseo amoroso en su aspecto más sensual y se convierte en el emblema de la pasión destructiva. Merece la pena detenerse en este mito inspirado en Andalucía, y no solo porque la que escribe sea oriunda.

El modelo quedó trazado bajo la premisa del miedo y la ansiedad masculina ante las nuevas aspiraciones de la mujer fuera de su papel conyugal y maternal. La gitana Carmen representa un personaje amoral, que utiliza sus encantos para dirigir al hombre y conseguir su propósito, siempre deshonesto. Se han querido ver todas las cualidades del personaje como la búsqueda a cualquier precio de la libertad, la mujer dueña de su propio destino; visión que enlaza directamente con los temores masculinos mencionados. Con sus sinuosas curvas ascendentes y descendentes, el estereotipo ha sido heredado en nuestra cultura reconvertido, según el juego de la oferta y la demanda capitalista, bajo los cánones del nuevo ocio burgués y su ampliación a la cultura de masas. Nació como una utopía de mujer que aún no se ha terminado de resolver socialmente.

La pasión irresistible y fatal, los celos y la violencia son los protagonistas de esta novela corta que tanta transcendencia ha tenido en creaciones posteriores. La belleza de Carmen es intrigante y fascinante, rasgo común a todas las mujeres fatales de la historia, así como su sensual voluptuosidad, que disfraza la impureza de su alma. La descripción original del personaje es de tal riqueza de matices (nunca superada por ninguna otra representación posterior, ya sea musical, pictórica o cinematográfica) que merece la pena recordarla:

Levanté los ojos y la vi. Era un viernes, nunca lo olvidaré. Vi a esa Carmen que usted conoce. Llevaba una falda roja muy corta que dejaba ver unas medias de seda blancas con más de un agujero, y bonitos zapatos de tafilete rojo, anudados con cintas color de fuego. Apartaba la mantilla para descubrir los hombros y un gran ramo de casia que sobresalía de la camisa. Tenía también una flor de casia en la comisura de la boca y avanzaba balanceándose sobre las caderas como una potranca de la remonta de Córdoba. Una mujer con ese traje en mi tierra habría hecho santiguarse a la gente. En Sevilla, todos echaban algún piropo atrevido a su figura; respondía a cada uno mirando dulcemente con el rabillo del ojo,

con el puño en la cadera, descarada como una auténtica gita-
na que era. Al principio no me agradó y reanudé mi trabajo;
pero ella, como suelen hacer las mujeres y los gatos, que no
vienen cuando se les llama y vienen cuando no se les llama,
se paró ante mí y me dirigió la palabra. [PROSPER MÉRIMÉE].

Las fatídicas hembras de este período decimonónico poseen como características morales comunes la frialdad, la capacidad de
dominio, la descarada sexualidad casi animal y la perversidad natural como una forma de ser estándar dentro de esa visión imagi-
naria y, por tanto, utópica de la mujer vampiro/diablo. Su apariencia física, siempre bellísima, también suele coincidir: abundante
cabello largo y voluptuoso, que se puede interpretar como símbolo
de poder; el cuerpo bien modelado, majestuoso y con las curvas femeninas marcadas; y la mirada, que en caso de ser frontal es intensa, penetrante y maléfica, y en caso de no mirar al espectador suele
parecer como ida o poseída, con gesto serio y pensativo, como una
fría planificadora del pecado.

El debate sobre la construcción del mito de la *femme fatale* continuó imparable durante ese siglo y el siguiente, que es el que aquí
nos ocupa. Fue dando el salto a los nuevos soportes que iban apareciendo y que llegaban cada vez a más capas de la sociedad. Primero sucedió a través de la publicidad, hija predilecta del nuevo
capitalismo que avanzaba imparable: los carteles publicitarios pasaron de ser pictóricos a utilizar la fotografía como símbolo de
modernidad. Comenzó a utilizarse el cuerpo femenino como un
espectáculo y se produjo el inicio de la comercialización de la re-
beldía y el erotismo. Se inicia así, a finales del siglo XIX, de manera casi inconsciente, la elevación de la persona al nivel de mercancía, algo aceptado progresivamente en los valores sociales con
total naturalidad.

El nacimiento del erotismo decente

En las primeras décadas del siglo XX, apareció en el juego de roles femeninos una nueva pieza de ajedrez que entorpecía el hasta entonces perfectamente definido tablero de fichas blancas (María, el modelo doméstico aceptado moralmente bajo el fuerte catolicismo imperante) y negras (Eva, la ambiciosa y peligrosa hija de la perversidad). La mujer-mercancía, la señorita-maniquí, es la tercera vía que surge entonces al amparo del capitalismo y que desembocará en una nueva identidad que se alejará del estereotipo de *femme fatale* tal como se concebía hasta entonces, principalmente por-

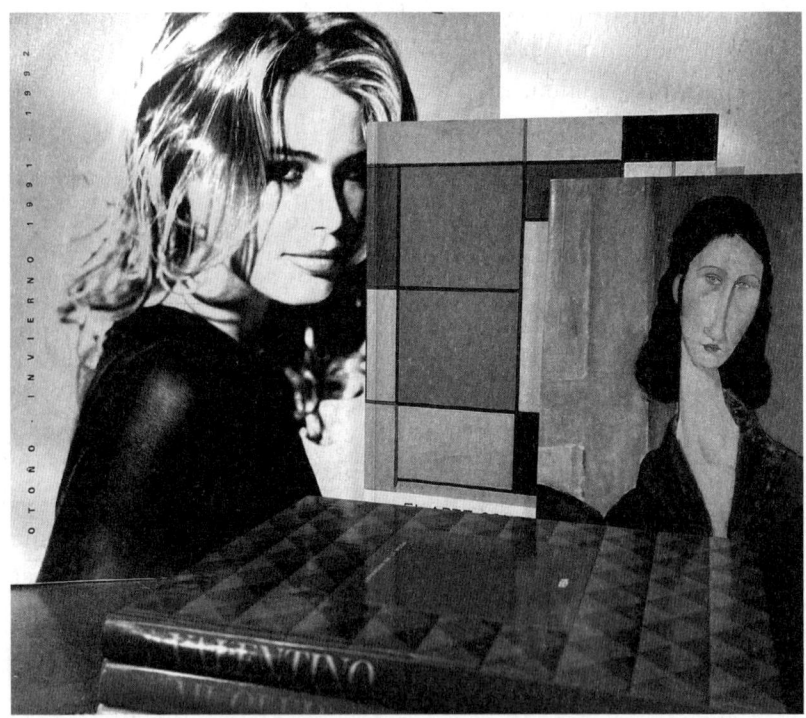

La evolución del ideal de belleza femenina ha transitado desde la exaltación de la fertilidad, con las formas rotundas, hasta la obsesión por la extrema delgadez, influenciada por las formas de vida y los intereses económicos.

que su objetivo no es seducir al hombre sino, muy al contrario, a la mujer. Este nuevo cliché, que desembocará en las supermodelos, tenía la función de fomentar «la fábrica de sueños» durante la eclosión de las sociedades de consumo modernas y crear, en la mente femenina, la ecuación —tan aceptada aún hoy día y tan útil para los comerciantes— de que la belleza conseguida gracias a la prenda perfecta es igual a la felicidad.

En este nuevo clima de euforia consumista, asociada muy equivocadamente a la libertad y movilidad social, el estereotipo de *femme fatale*, la utopía de mujer que hemos visto construir, siguió su curso a través de la gran pantalla. El cine fue el nuevo medio por el que la mujer seguía siendo «el juguete más peligroso» para el hombre. La enorme diferencia con respecto a la literatura del Romanticismo oscuro y la pintura que la acompañó es que al cine podía acceder prácticamente toda la población y este popularizó el *glamour* y el encanto que actualmente asociamos al estereotipo. El negocio del espectáculo, la industria de la moda y la imagen de la mujer fuerte y poderosamente atractiva tuvieron su mejor aliado en la nueva ola de actrices que surgieron durante la Gran Depresión. Ellas introdujeron un nuevo perfil de *femme fatale* que puso de manifiesto que el ideal seguía vivo y nada hacía presagiar que fuera a desaparecer.

La discrepancia radical de la nueva mujer perversa del cine respecto a la que definieron los románticos fue que, a diferencia de aquella, que era una solitaria, esta tenía atractivo no solo para los hombres, sino también para sus homólogas. Las mujeres se volvieron sus aliadas, pues soñaban con sus diseños, sus joyas y sus vidas fascinantes. La *femme fatale* de los románticos lo era con las medias rotas como la Carmen de Mérimée; la del siglo XX debía ser moderna e impecable, pues su papel tenía que pasar por caja. ¿Evitaría la guerra social la reducción o limitación de «armamentos»? Sin duda, la limitaría. Esa nueva mujer hacía soñar a hombres y a mujeres. No obstante, la persistencia de algunas normas tradicionales de comportamiento seguía —y sigue— muy vigente.

En contraposición estaba la mujer honorable, buena, entregada a su hogar y a su familia. También podía ser bella, pero era otro tipo de belleza, más dulce y amable. La primera es de belleza agresiva y sexualizada; la segunda es de belleza blanca y virginal. Avanzando en el tiempo, y en ese intento de abreviar los antecedentes que me he marcado, llegamos al momento que aquí nos ocupa y cabría preguntarse: ¿cuál de esas dos mujeres salió vencedora? ¿La casta y buena o la divertida y malvada? La respuesta es sencilla: se solaparon. El capitalismo supo extraer lo mejor de cada una para su beneficio; le interesaba la moral aceptada de la primera, pero el atractivo impotente y erotizado de la segunda. De esta manera, el nuevo modelo inventado y marcado como referente social sería una mujer decente, fácilmente identificable con las clases sociales que veneraban el acto de comprar y tenían posibilidades de practicarlo habitualmente, pero más libre y atractiva.

Lo único que no tenía alternativa era la edad. Las nuevas diosas eran jóvenes, muy jóvenes, jovencísimas. Y delgadas, cada vez más delgadas. En la etapa que nos concierne, aún eran mujeres sugerentes sexualmente, porque no llegaban a esa delgadez extrema y enfermiza que continuó en el tiempo: las diosas del apogeo finisecular eran mujeres perfectamente moldeadas, con un aspecto saludable. Era importante que todo pareciera real, posible, cercano, para que cada una de nosotras pensara que también podíamos ser como ellas. Sonrisa franca y maquillaje natural (conceptos asociados a mentes sanas, sin cargas morales, con vidas sin problemas), pelos al viento aunque con esmerado descuido (concepto asociado a la libertad, a la velocidad; a una vida plena de ocupaciones, viajes, ocio al aire libre), cuerpos esculpidos y solemnes pero como venidos así de fábrica. Y puede ser, ¿por qué no?, pero la gran mayoría no tiene un gramaje genético tan de élite. Así que, para animarlas, se presentan como aficionadas al deporte habitual, asociado al baile y a la diversión. Y, casi lo más importante, con una carga de erotismo apabullante. En resumen: mujeres sanas, moralmente intachables, libres e independientes y atractivas hasta la extenuación.

Así eran las supermodelos. Su hechizo marcó el final de un siglo, y de un milenio entero. Se inauguró con ellas el devaneo entre un sentimiento ambivalente. Cuando mirábamos las revistas de esta época, en las que ellas aparecían para subyugarnos e invitarnos a seguir practicando la oración y sus penitencias (la compra compulsiva e intermitente), ¿admirábamos la prenda o la mujer? En mi caso, por ejemplo, como mujer muy mujer, es decir, con cero tentaciones sexuales hacia las de mi género, confieso que es difícil de especificar con claridad. Recuerdo ver esas portadas, esos anuncios, esos videoclips de los primeros años noventa y quedar completamente fascinada; no había nada mejor que esas mujeres en el mundo entero, todos queríamos ser como ellas. En cambio, no recuerdo apenas nada de lo que llevaban puesto: generalmente, era lo de menos. Era su actitud, el descaro, la seguridad, ese erotismo tan aplastante, esa ausencia de miedo, la sensación de que no tenían ningún problema; en definitiva: su dominio de la vida. ¿Acaso no es eso lo que nos enseña una religión? A vivir sin temor; nos marca unas pautas de comportamiento, nos asegura la felicidad y la vida eterna. Y una de esas fotografías, ¿no era en sí misma una vida eterna?

En cuanto a las ambiciones de las niñas bien, con las que yo también me crie, de ser una gran señora y formar una familia ejemplar y ordenada, ¿acaso ese sueño era incompatible con parecerse a esas diosas tan bellas y felices? Pues no solo no lo era, sino que muchas de aquellas modelos han continuado con sus vidas de esta manera, confirmando que lo que pretendió (y consiguió) la industria fue captar el interés de todas nosotras. Las que querían ser más transgresoras también tenían entre esas nuevas diosas un modelo que imitar; de pronto, una de las más famosas se cortó el pelo como un chico y se lo tiñó de rubio, ¿era eso para las burguesas? Pues también se puso de moda el pelo cortito, y eso, francamente, sí que no es algo que favorezca a todas.

Las nacionalidades de las supermodelos eran asimismo importantes. Las más populares tenían físicos muy diferentes: eso también era una magnífica estrategia, pues hacía la identificación más fácil. Una era americana, de feminidad marcada y generosa, tan poderosa como el lunar que lucía encima de su labio, castaña de melena leonina; la otra era alemana y representaba la antítesis, una belleza más fría, más dulce, más inocente, menos agresiva sexualmente, aunque jugaba con el erotismo igualmente de manera permanente. Ambas, Cindy Crawford y Claudia Schiffer, han formado una familia feliz y siguen siendo referentes de esta época. Han demostrado la inteligencia y la fuerza necesarias para gestionar emocionalmente el haber sido unas estrellas jovencísimas y sobrevivir a ese estado de éxito, que, claramente, ya nunca volverán a alcanzar, a pesar de seguir estupendas las dos.

Su estilo estaba bien lejos de las formas de vida aristocrática que esbozaban las poses y formas de las modelos de mediados del siglo. No había códigos de competencia social ni racial. Las ideologías eran aparte. Solo importaba una cosa: la belleza categórica, pasada por el ojo de un buen fotógrafo o director de escena, y despertar la «piedad» de sus fieles, ya saben a estas alturas a qué me refiero. Su objetivo estaba claro y el nuestro también. Estas supermodelos eran parte fundamental del juego consumista, eran mercancía de probado valor, cuyo cometido fue establecer el ideal global y uniformizado de belleza, utilizado por compañías occidentales para dirigirse al mundo entero. Su belleza (mucho menos natural de lo que parecía) simbolizaba las posibilidades de que eso que ellas llevaran o hicieran iba a permitir alcanzar la felicidad. Ya estaba en uno decidir si esa idea iba asociada al éxito, al amor, a conseguir dinero, a ser aceptado en algún ámbito concreto o a todo eso junto.

Las supermodelos marcaron los patrones normativos de feminidad del final del siglo xx y se convirtieron incluso en iconos culturales, al igual que músicos, actores, artistas o deportistas. Mujeres bellas que eran profesionales, independientes, pero también honestas, decentes, deseables, dueñas de sí mismas, y podían ser perfectas madres de familia. Así fue como la industria reconvirtió a las dos mujeres que venían enfrentándose desde el siglo anterior. La mujer fatal decimonónica, tan deshonesta como *sexy*, se solapó con la perfecta y decente esposa y madre abnegada y obediente, dama caritativa y entregada a hacer el bien. ¿Apasionante, no les parece? Sobre todo, porque lo hicieron en nuestras narices sin que ninguna nos diéramos cuenta. Luego vendrían las enfermedades mentales generalizadas, tales como ansiedad, depresión, desequilibrios alimenticios; las epidemias de fracasos matrimoniales, etc. ¡Es que casar a esas dos mujeres requiere de un proceso muy largo!

Estar eternamente atractiva, deseable; disfrutar del galanteo, jugar con tus encantos y a la vez estar inmersa en un matrimonio estable y feliz, con niños ideales por medio, que no dan la lata porque están educadísimos; y, además, tener un trabajo de éxito y bien remunerado es un objetivo dificilísimo. La denominada «conciliación» es aún un tema abierto. La lógica de la seducción de ciertos tabúes, de terminar con algunas prohibiciones generalizadas, sí tuvo aquí una importancia radical. Las sociedades occidentales más conservadoras abrieron bastante su horizonte. La progresiva aceptación de la sensualidad como realidad social debe mucho a estas mujeres, en beneficio nuestro.

Las supermodelos vincularon el erotismo al *glamour*, que es la palabra maldita y anhelada a la vez. ¿Quién puede olvidar ese anuncio de Pepsi que protagonizó la espectacular americana Cindy Crowford con unos *shorts* vaqueros y una camiseta de tirantes blancos? Una sensualidad a flor de piel inserta en el americanismo más visceral y elocuente. Una diosa sexual camina, bajo la atenta mirada de los niños, desde su coche rojo hasta la máquina de refrescos para saciar su sed. Una mujer con el uniforme de la libertad, que busca el placer, rápido, inmediato; el «ahora» como lema, y lo sacia a golpe de moneda. Corría el año 1992, un año efervescente, entusiástico, bullente, enérgico, como la bebida que se anunciaba.

¿Era glamuroso una «tiarrona» en *shorts* vaqueros bebiendo una lata de refresco en una gasolinera de mala muerte? Pues sí que lo era, y mucho. Esta era la nueva norma estética: un cuerpo joven, delgado y *sexy* que caminaba seguro hacia el placer, a saciar su deseo; y, cuando abría la lata y daba ese sorbo, todos los espectadores sentían milagrosamente las sensaciones de satisfacción y de deseo mezcladas. Queríamos ser como ella, que esas prendas —que ya he dicho que aparentemente eran lo de menos, como si fueran la gasolina del éxito— nos llevaran a ese nirvana que ella estaba consiguiendo. Unos niños la miran embobados; la inocencia como juego sibilino: ¿el despertar del deseo sexual? Claramente.

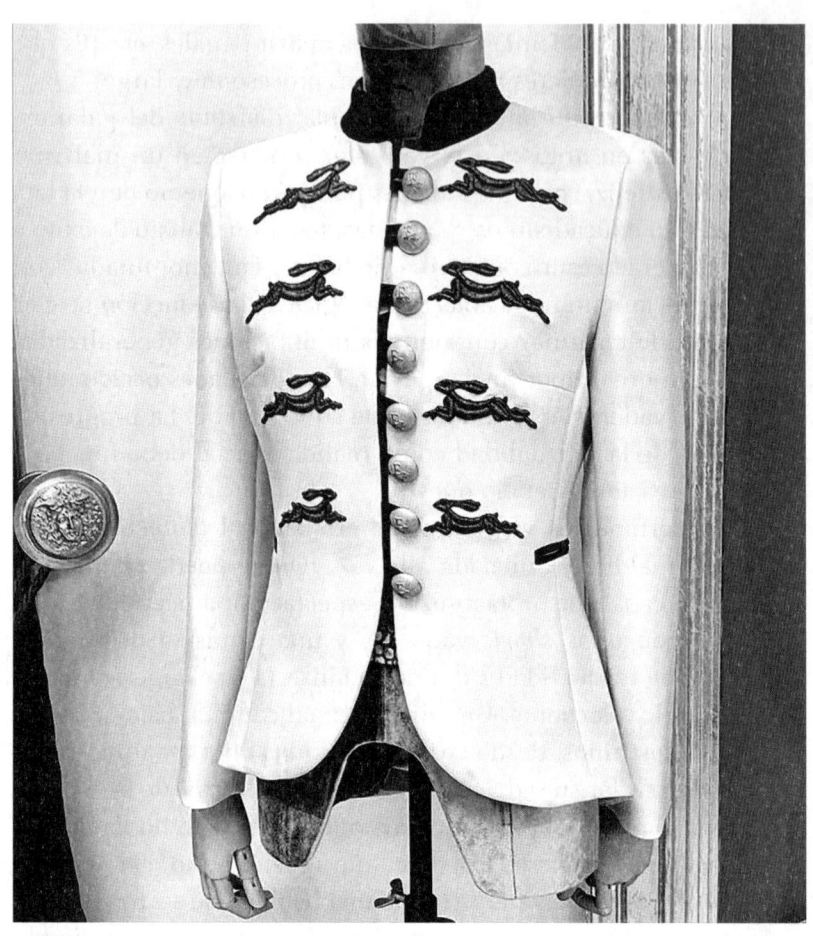

Mientras la confección en serie busca estandarizar, la sastrería aborda la asimetría natural del cuerpo, logrando una caída uniforme en la espalda y un cuello que no se separa, algo esencial para la elegancia.

La tramoya de nuestras nuevas necesidades estaba marcada y nosotros caíamos en ella desesperadamente, sin comprender apenas nada. Había que ganar el pulso a la seducción y ellas eran el referente, las que nos ayudaban, nos marcaban el camino para lograr la gloria. ¿Sacerdotisas? No, porque las venerábamos, así que, rotundamente, eran las diosas de esa nueva fe colectiva. Eran la respuesta a la angustia y a la inquietud por ser aceptados, daban sentido a todo lo estético y marcaban las pautas de ordenación emocional y sensorial que vinculaban nuestro bienestar al consumo. «Con más cremas, tendré una piel más tersa y radiante, y así pareceré más buena y disciplinada, me querrán más». Ideas asociadas gracias a millones de *spots*, maravillosas fotografías, atractivas consignas, la euforia, el placer inmediato y saciante. Esas bellezas de los anuncios nunca están tristes, no conocen la angustia ni la necesidad; fluyen porque cumplen con sus obligaciones para estar en paz con el dios capitalista: vida sana, cuerpo sano, mucha ropa, muchas colonias, muchos cosméticos, fotografías, fotografías, fotografías. Imágenes por todas partes.

Las supermodelos supusieron un elogio de la belleza triunfante, sumado a la consagración de la libertad femenina. No obstante, toda esta realidad conlleva muchas paradojas. Si se ponía en valor a la mujer y se pretendía consagrar su libertad personal y profesional, ¿por qué se las valoraba por su aspecto físico? Con ellas, la belleza se mercantilizó por completo, en un proceso ascendente que ya llevaba muchas décadas establecido, haciendo que, en el imaginario colectivo, la mujer ideal que ellas representaban se convirtiera en la imagen ritual de la liturgia consumista. Eran la punta del *iceberg* del nuevo culto a la novedad, bajo el disfraz del entretenimiento más noble e inocente. Fueron mecanismos de manipulación colectiva para movilizar a generaciones enteras al consumismo feroz y despiadado. Eran las diosas que adiestraban a los sumisos súbditos en los principios de estilo de vida y necesidades para ser un alma virtuosa y limpia de culpa, en esa equiparación platónica entre belleza y bondad. Si no se cumplía con lo solicitado por esa nueva religión, corrías el riesgo de ser excomulgado y lidiar con esa soledad del marginado sin posible indulgencia.

En esta liturgia, todo el que aspirara a la divinidad —y escribo en pasado porque, afortunadamente, ya hay cosas que están cambiando— debía adecuarse a estos cánones de belleza; por encima de todo, ser joven y delgado. Hay connotaciones sádicas subliminales que, al igual que la sensibilidad erótica, se vienen arrastrando históricamente desde finales del XVIII; la nueva fe exigía valentía y algunas renuncias y, por supuesto, plantearse pocos cuestionamientos. La sensualidad no casa bien con el raciocinio, creo que esto explica bien las intenciones. La actividad continua, la búsqueda incesante del placer y el ansia por gustar eran las premisas, que se pueden resumir en una sola palabra: consumir. De todas maneras, estos reclamos femeninos no son el centro de este ensayo. Digamos que son parte, y no solo por esa distancia sobrehumana que establecían con las cosas terrenales (no olvidemos que este es un ensayo sobre cuestiones artísticas), sino porque con ellos se invirtió la balanza de poder. Ya no eran meras perchas para que el diseñador mostrara sus prendas a las clientas potenciales, sino que pasaron a ser el anzuelo para que el público quisiera acudir a sus espectáculos. Pasaron de ser una parte estática y secundaria a ser las estrellas indiscutibles de los desfiles de moda.

El mito de la belleza finisecular pasa por estas supermodelos, famosas doncellas que han simbolizado un ideal colectivo y abstracto, que no solo es estético. Estas divinas deseables supusieron el cénit de un proceso ascendente que venía al galope y que coincidió con la eclosión de todo un siglo dedicado a desenmascarar el poder femenino, ese que ellas tan claramente representaban. Con ellas se inauguraba la época de verdadera orgía consumista, con la moda rápida al alcance de todos, atenuada por sus imágenes cargadas de virtuosismo artístico, a través de los mejores estilistas y fotógrafos, con esa clásica asociación de belleza artística con perfección natural.

Se convirtieron así en los contenedores simbólicos de los valores de toda una década. Estos son el sentido y el papel que les doy en mi ensayo, puesto que, gracias a todo lo aquí expuesto, al atraer ellas con su aura divina a la mayoría del colectivo consumista hacia las marcas comerciales, pudo tener lugar esa escisión entre moda popular y alta moda que justifica plenamente la categoría artística que aquí pretendo defender. Las supermodelos participaron en los grandes desfiles históricos de fin de siglo, pero su verdadero papel fue el de encauzar a todo el globo terráqueo hacia un mismo orden emocional y sensorial compartido, adhiriendo sus deseos y necesidades comunes hacia unas mismas normas sociales, regidas por esa nueva fe de marcada sensibilidad erotizante y frívola.

Para la comprensión global de la exposición de ideas que acabo de verter en este capítulo, hay que escindir el tema en dos aspectos principales: por una parte, la narrativa que se asocia a esa nueva sacralización de los valores materiales, y por otra, los aspectos meramente representativos; lógicamente, son indisolubles, pero marcar claramente las dos capas, aunque en el desarrollo del texto las he ido solapando, clarificará la lógica de mis argumentos. Para plantearlo mediante interrogantes, mi labor aquí ha sido resolver estas dos cuestiones: ¿qué pautas discursivas se asocian a la santa belleza femenina de finales del siglo xx?, ¿qué requisitos estéticos son los fundamentales para alcanzar ese espectro divino?

Las supermodelos eran conocidas y veneradas en todo el planeta y se convirtieron en verdaderos arquetipos para la sociedad. La política económica cada vez interesaba a más gente, en detrimento de otras cuestiones como el modelo de Estado o la lucha de clases. Y ellas, las nuevas diosas del capitalismo, formaban parte de esa estratosfera de poder económico a la que era lícito aspirar. No solo se admiraba su belleza deslumbrante, sino también su estilo de vida. Eran profesionales de éxito, aunque su existencia estaba anclada en un despreocupado y jovial desenfado: la utopía de una vida como placer, sin más.

La belleza femenina que aquí he tratado se exponía tanto en imágenes como al natural; es decir: eran cuerpos vivos en movimiento. Es importante tener presente esta ambivalencia, frente a lo estático de la estética divinizada en épocas anteriores, que solo se reproducía en estado de quietud, ya fuera a través de esculturas en mármol o en retratos pictóricos o fotográficos. La mujer de las últimas décadas del siglo xx necesitaba la fotogenia, por supuesto, pero también debía controlar sus movimientos, poses y sonrisas. Los videoclips y las pasarelas eran escenarios en los que aparecían en movimiento; y, si bien los primeros daban margen a enmascarar ciertas imperfecciones, los segundos eran espectáculos en vivo y en directo que necesitaban de unas divinidades sin fisuras.

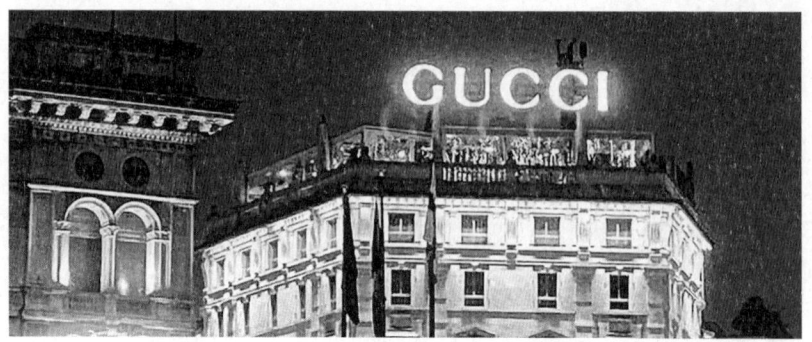

Anuncio de Gucci en la piazza del Duomo, Milán. La publicidad de moda en la calle utiliza el entorno urbano para promocionar marcas de forma creativa y directa, transformando elementos del paisaje en experiencias impactantes.

Estos años que aquí describo coincidieron con los años de mi primera juventud. Yo viví esa fascinación sin fin por esas modelos magnéticas, vibrantes, tan seguras de sí mismas, tan perfectas, tan felices que eran veneradas como un culto a una realidad superior. ¿Eran humanas? ¿Hablaban, bebían, comían? Solo las veíamos en las revistas y, si eras afortunada, en algún desfile o videoclip. En movimiento eran aún peores, porque se movían como animales de otra especie: la perfecta escenificación; estaba todo tan estudiado y, en cambio, irradiaba tanta naturalidad que era alienante. Ninguna de nosotras sería nunca como ellas.

Ahora, Instagram ha continuado esta línea, pero ninguna *influencer* llega a las cotas de magnetismo que alcanzaron estas poquísimas mujeres de finales del siglo xx. ¿Las actrices de Hollywood? Claramente son el precedente; sin embargo, hay una clara diferencia: la cercanía. A las actrices siempre se las veía como inalcanzables, pero las supermodelos, que llevaban ropa que se podía comprar y que parecían tan simpáticas y accesibles, eran un modelo real que sentíamos como una amenaza muy peligrosa, porque nunca llegaríamos a ser como ellas a pesar de esa cercanía que digo. Simplemente, porque no había nada de natural ni de real en todo esto. Eran el pececito que da forma a la caña de pescar, la puntita del *iceberg*, la lucecita que invita al bar, ya me entiendes.

III
RITUALES, REIVINDICACIONES Y NARRATIVAS DE LOS DESFILES DE MODA

De la tradición europeísta al nuevo poder americano

Desde finales de la Edad Media hasta mediados del siglo xix, la indumentaria a la moda había sido un privilegio de las clases privilegiadas, que, tras dejar atrás las evidencias de su superioridad a través de la armadura y las señales bélicas (que, por supuesto, se mantuvieron en la decoración de sus palacios), recurrieron a la distinción en sus ropajes para evidenciar en todo momento su diferenciación social y económica, lo más cercana posible a la regia. En estos siglos, el valor de la moda era casi estrictamente artesanal, pues esta era la consideración que tenían sus creadores, de acuerdo con la realidad sociohistórica de Occidente.

El Romanticismo fue un período de furor en el ornamento femenino. Las modas iban cambiando más deprisa cada vez. En cuanto las damas de las clases elevadas veían que las inmediatamente inferiores copiaban sus innovaciones, las modificaban para volver a dejar clara su distinción. Fue aquella una etapa fascinante para la mujer, que podía empezar a desatar sus pasiones con menos censura social; mostrando los hombros, unos escotes más amplios o ricitos juguetones sobre el rostro. Había que conseguir salir del mundo de la tradición —que valoraba lo permanente y antiguo frente a lo novedoso, que es cualidad implícita en la moda— para poder dar el salto cualitativo a la libertad imaginativa.

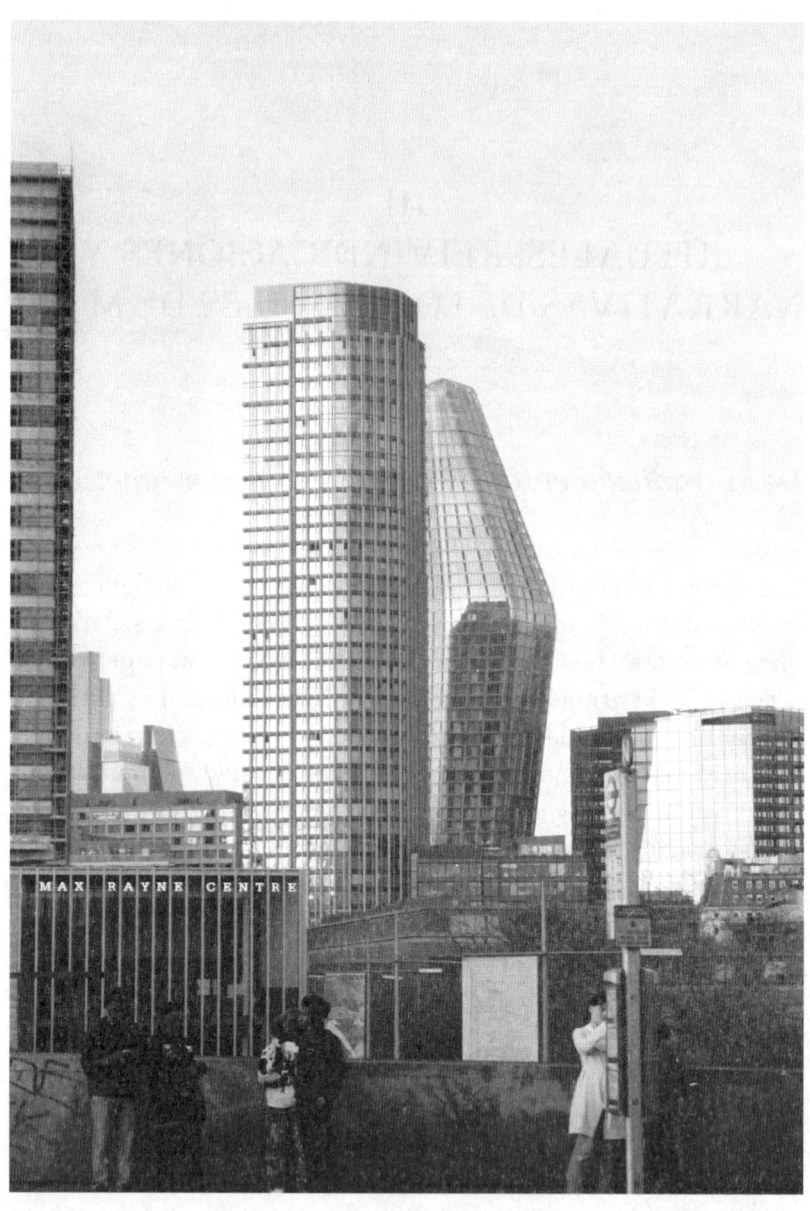

Londres mantiene su posición como una de las ciudades más vanguardistas e influyentes del mundo. Es un centro incuestionable de innovación, cultura y talento. Durante el siglo XX, su indumentaria evolucionó de la rigidez victoriana a la liberación y se convirtió en epicentro mundial.

En este momento histórico, comenzó el enfrentamiento entre dos potentes grupos sociales que, paradójicamente, se encuadraban en la misma categoría, según los parámetros de la historiografía vigente. La burguesía decimonónica estadounidense se desarrollaba en unas ciudades aún por construir, sin arquetipos rígidos, sin más horizonte que el enriquecimiento inmediato como método de ascenso social; en el otro lado del Atlántico, la burguesía inglesa, conocedora de ser la primera potencia industrial del mundo, seguía adoptando su seguridad y su dictado estilístico y moral de la imitación a la aristocracia. De manera general, y en contraposición a la americana, la burguesía europea de todo el siglo xix y gran parte del xx vivía imbuida en las tensiones sociales, políticas y económicas del viejo, competitivo y ambicioso continente europeo. El sueño burgués de alcanzar los modos de vida aristocráticos, a través de una mujer ataviada como tal, no encontraba su sentido (ni su frustración) en el continente americano, que estaba libre de estas ataduras morales, llenas de inseguridades y complejos heredados.

De esta manera, avanzando el tiempo, se entiende que lo que triunfó a un lado del océano no pudo llegar al otro hasta que la supremacía política y económica del primero fue una realidad de hecho. Y esto no sucedió de forma sustancial hasta el final de la Segunda Guerra Mundial, momento en que Europa quedó completamente desacreditada a todos los niveles, frente a la ventaja indiscutible de los americanos. A partir de la década de los cincuenta, la moda comenzó a despojarse de su sentido mimético aristocrático, de la orientación hacia ese espejismo de connotaciones históricas. En la calle, ya hacía tiempo que se había ido observando: la realidad que aparecía en las revistas femeninas no encontraba tan claramente su respuesta en la mujer que caminaba por las ciudades. La transformación en el imaginario colectivo para la forma de vestir estuvo muy influenciada por varios factores, entre los que destacan la nueva vida deportiva, el acceso de la mujer a la vida laboral y el turismo, en el seno de una sociedad capitalista cada vez más narcisista.

La aparición del *new look* del francés Christian Dior tras la Segunda Guerra Mundial, como nuevo referente de la femineidad perdida durante la contienda, era incompatible con la nueva realidad política, económica y moral a la que aspiraba Estados Unidos. La importación, por parte de Europa, de los nuevos ideales de elegancia femenina la vivió como una osadía que amenazaba su anhelado nuevo pódium; aquella fiesta privada que estaba priorizando de nuevo a la ciudad de la Torre Eiffel se consideró un auténtico enemigo para los intereses estadounidenses. Había que contraatacar. Y así fue. Un atuendo para todos, un uniforme de discurso único. La simplificación del diseño tenía pareja otra realidad más práctica: facilitar la producción industrial en serie, aumentando así las plusvalías. ¿Y de dónde sacar el modelo? No olvidemos que los americanos carecen de historia, apenas algo más de una centuria desde la época que estamos dibujando, con lo que sus posibles referencias propias eran escasísimas y sin el barniz de elegancia que estaban anhelando. Sin embargo, supieron arreglárselas.

El concepto que utilizaron fue un elogio patriótico que representaba el encumbramiento de la ropa proletarizada estadounidense, ese espíritu *country*, del *cowboy* y la *cowgirl* sin complejos, en lengua inglesa; todo ello por la vía de la libertad, de la diversión, de la comodidad, del dinero fácil y rápido, del éxito inmediato y arrollador. Los adolescentes sexis de todo el planeta ya tenían el modelo de la modernidad triunfante, y no solo ellos, pues los adultos imitarían este nuevo lenguaje universal del éxito: el pantalón vaquero y la camiseta blanca. La rápida aceptación de este modelo vino de la mano del cine principalmente, pero también de la literatura. Y continuó su imposición ascendente de manera imparable durante toda la mitad del siglo xx.

¿Cuántas veces habremos oído esta idea?: «Estaba radiante y no llevaba nada, unos vaqueros y una camiseta». Pero es una contradicción, ¡porque lo llevaba todo! Todo lo que había que llevar entonces, el uniforme del progreso universal. Para lucirlo bien, aun así, había que tener la suerte de estar bendecida por la buena genética, porque ese «simple uniforme» no daba pie a esconder las imperfecciones, como el *new look* de Dior, por ejemplo. El éxito de esta sencilla y mitificada indumentaria americana ha sido largo en el tiempo.

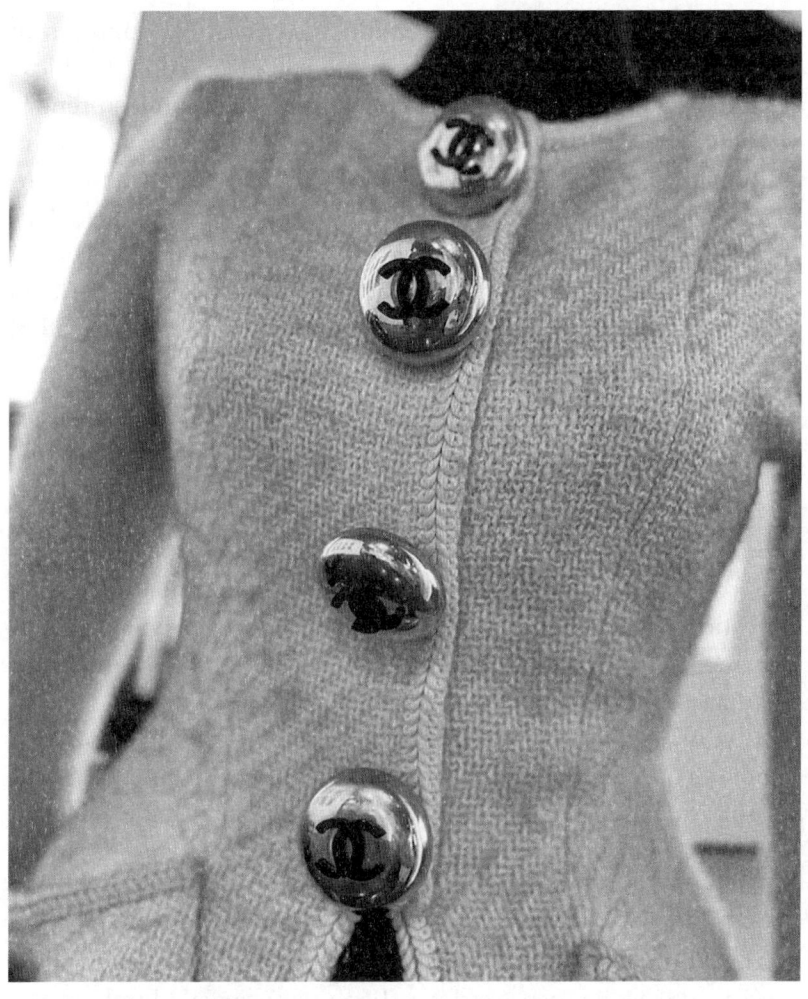

En el París del siglo xx, Coco Chanel no solo transformó el guardarropa femenino, sino que se convirtió en el motor de una libertad financiera y social sin precedentes para la mujer moderna.

Aunque aún es habitual entre la juventud, ya no tiene implícito el estatus de persona exitosa que tenía a finales del siglo pasado.

Como dato elocuente de lo expuesto, recordaré aquí el acto de inauguración del Estadio de La Cartuja de Sevilla, que tuvo lugar el 5 de mayo de 1999. Yo tenía veinticinco años. Me contrataron como azafata para los palcos vip, junto con otro grupo de chicas de similares características. Debíamos ir vestidas con las prendas ya mencionadas: vaqueros y camisetas blancas; no nos las dieron, las teníamos que llevar de casa. Recuerdo rebuscar entre mis pantalones vaqueros para ver cuáles eran los que mejor me quedaban, porque todas solíamos tener varios. Algo tan sencillo y tan complicado. Evoco la vivencia con agrado y cariño: vestida con el perfecto uniforme americano para la inauguración de un estadio de fútbol en Sevilla, tiene mandanga la cosa.

Tras este inciso personal, retomo el camino hasta llegar al «teatro de la moda», que es el objetivo de este trabajo. Salvada la guerra por la hegemonía de la moda entre París y Estados Unidos a favor de los segundos, comenzó el ascenso —tan fulminante como imparable— del progreso de la moda industrial y democrática, con la promoción incansable de otorgar la calidad de moda al vestido de las masas. Atrás quedó la idea de que solo los grupos restringidos que monopolizaban el poder podían llevar una indumentaria atractiva y acorde con las novedades estéticas.

Con un estilo desacomplejado, directo, que exaltaba la retórica cotidiana del lenguaje capitalista, los EE. UU. eran un enorme mercado unitario basado en una permanente innovación tecnológica y un desaforado consumo de masas. El tópico de la jovial y desenfadada América exaltó la retórica cotidiana basada en los valores ya expuestos y un nuevo lenguaje comercial para fomentar dicho consumo. Las dos últimas décadas del siglo XX fueron el período de su mayor crecimiento económico. Conformaban una sociedad plural y democrática, de bienestar económico y desaforado consumo de masas.

Ostentaban la hegemonía mundial y eran el referente indiscutible en el ensanchamiento decisivo del horizonte y la sensibilidad del hombre contemporáneo. Sus mensajes se basaban en la vida como placer frente a la aburrida obligación, la emancipación femenina como nueva fuerza social, la sexualidad libre de carga moral y la afirmación del individuo frente al Estado. Vivir era una explosión de buen humor, al más puro estilo *cheap & chic*. La nueva estética estaba en pleno despegue hedonista, como un viaje a una nueva elegancia después de los años de revelación de los movimientos anticonformistas: *hippy, punk, new-wave, skin-head.*

En resumen, la superioridad de lo actual y propio frente al pasado y sus costumbres fue clave en la aventura capitalista, democrática e individualista de la etapa histórica de la indumentaria occidental que comienza a partir de la segunda mitad del siglo xx. La negación del poder inmemorial del pasado tradicional era fundamental para poder celebrar el presente social y las fiebres modernas de las novedades. Estaba bien llevar de vez en cuando una joya de la abuela, pero el vestido tenía que ser tendencia; que se viera claramente que se dominaba, porque suponía estar informada y pisar fuerte el presente. Todo ello sin olvidar que la fantasía ha desplegado, históricamente, sus artificios y sus exageraciones en la alta sociedad. De hecho, como veremos, la alta costura mantuvo el *ethos* aristocrático de esplendidez, lleno de desprecio al trabajo, coronado por la extravagancia y cargado de asombro, de fascinación, buscando ser el blanco de las condenas morales.

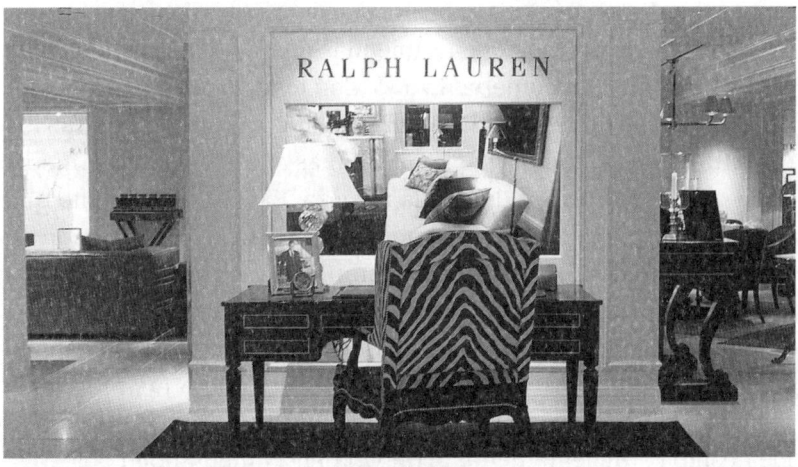

En Estados Unidos, Ralph Lauren creó un imperio de estilo de vida que vendía un sueño de sofisticación clásica y lujo aspiracional. Su enfoque se centró en la creación de un universo completo, desde la ropa hasta el hogar, que trascendía las tendencias pasajeras.

Códigos y formas heredados de la ópera

Los tipos de ocio seguían sirviendo para establecer la distinción social. Los desfiles de moda de finales del siglo XX se convirtieron en el gran espectáculo de las élites; a pesar de tener plena conciencia de que su verdadera función era promover la imagen de las marcas, los asistentes se sabían elegidos para disfrutar de una función única. Era el triunfo de lo intenso y efímero, con la conducta social guiada por impulsos inconscientes manipulados por la publicidad subliminal. En lo que a este ensayo concierne, y una vez escindida la necesidad de crear ropa para las masas de la alta costura, esta tenía alas para convertirse en el auténtico espejismo de la perfección, para embriagar y hacer volar por un rato a la élite mundial privilegiada, que estuviera en posesión de las virtudes necesarias para acceder a este lugar sagrado.

En este nuevo ocio de las élites se mantuvieron los códigos y formas heredados de la ópera. Ambos eran, además, artes efímeros. Su versatilidad y su creatividad se mezclaron con los intereses del feroz capitalismo, que utilizaba estos espectáculos como exclusivas plataformas de promoción, a sabiendas de que lo que allí se iba a enseñar no iba a ser comercializado. Con todo, la magia, el mensaje de lujo inalcanzable y deseable, el ritual de lo sagrado, disfrazaba el fortunio de lo simbólico, el gozo al más alto nivel, todo inmerso en la más banal teatralidad de la riqueza. El estremecimiento que provoca la verdadera belleza suponía una carta de presentación demasiado tentadora como para no comprender que todo lo que estaba vinculado a esas firmas estaría embriagado de ese mismo poder sobrenatural, tan honorífico como prestigioso. Suponían el gancho perfecto para el posterior consumo de masas de otras prendas u objetos, ya fuesen un bolso, un perfume o una barra de labios. La idea estaba suficientemente arraigada en la mentalidad colectiva como para entender la asociación y que el mensaje fuera efectivo.

La frivolidad debía ser parte integral. Sin embargo, lo que sucedía en un desfile cuando apagaban las luces y empezaba la música era un *show* impregnado de sacralidad. Un acto encaminado hacia la esfera de lo sagrado a través de un tratamiento ritual de todos los elementos que lo componían. Allí se volvía a consagrar, bajo el protagonismo de las supermodelos, una ferviente felicidad ficticia pasada por caja, cuyos eficaces sacrificios harían alcanzar esa esfera extrahumana. Los desfiles de moda de finales de los años ochenta y toda la década de los noventa fueron auténticos rituales velados de la nueva religión capitalista. Acudir a estos espectáculos dedicados a específicas divinidades (diseñadores ya consagrados como estrellas) suponía el cénit que terminaría en los conocidos depósitos votivos de los fieles.

Debían ser espectáculos tan lujosos como divertidos: la nueva religión pasaba siempre por la vía *funny* como requisito imprescindible. Requerían de un refinamiento que no reparara en los rancios criterios de la moda juiciosa burguesa, así como de una actitud divinizada generalizada, preparada para la ofrenda con estudiada y teatralizada frivolidad. Todo el que acudía al ritual asumía ese privilegio con la *dignitas* adecuada: estaba obligado a hallarse informado sobre el poder de los otros elegidos, así como a tener unos conocimientos imprescindibles sobre moda para emitir comentarios adecuados, con la conciencia de ser igualmente símbolo de una tendencia específica marcada por la nueva sensibilidad, vistiendo adecuadamente y actuando con seguridad y ligereza, como en todos los espectáculos elitistas de todas las épocas. Dentro del espacio en el que se iba a llevar a cabo el espectáculo, también había clases: la primera fila era el lugar más distinguido, solo destinado para los verdaderamente importantes, ya fuera por su posición dentro del universo de la moda, por su situación social heredada o adquirida, o por el número de ceros de su cuenta corriente (o de la de su cónyuge). Estas tres categorías se han ido mezclando a lo largo de las décadas, sin robarse protagonismo unas a otras.

Este tipo de *shows*, cuyo verdadero apogeo duró apenas unos decenios, se construían como sueños convertidos en entretenimiento. Aglutinaban todos los ingredientes de la ópera: música, discurso, escenografía, interpretación, vestuario, maquillaje y peluquería;

dando cabida a cualquier otra disciplina creativa. Un acto social de enorme raigambre y, por tanto, de dificilísimo acceso. Con el cambio de siglo y el transcurso de los acontecimientos sociales y económicos, fueron cambiando su idiosincrasia y, por consiguiente, el sentido que aquí estoy plasmando. Este sería el devenir de lo que comenzó como un *show* revolucionario, nacido con una feroz explosión de creatividad, y que aspiraba a rozar lo sublime, con las nuevas diosas —jóvenes, saludables— danzando por los altares para hacer soñar a los más afortunados del planeta Tierra.

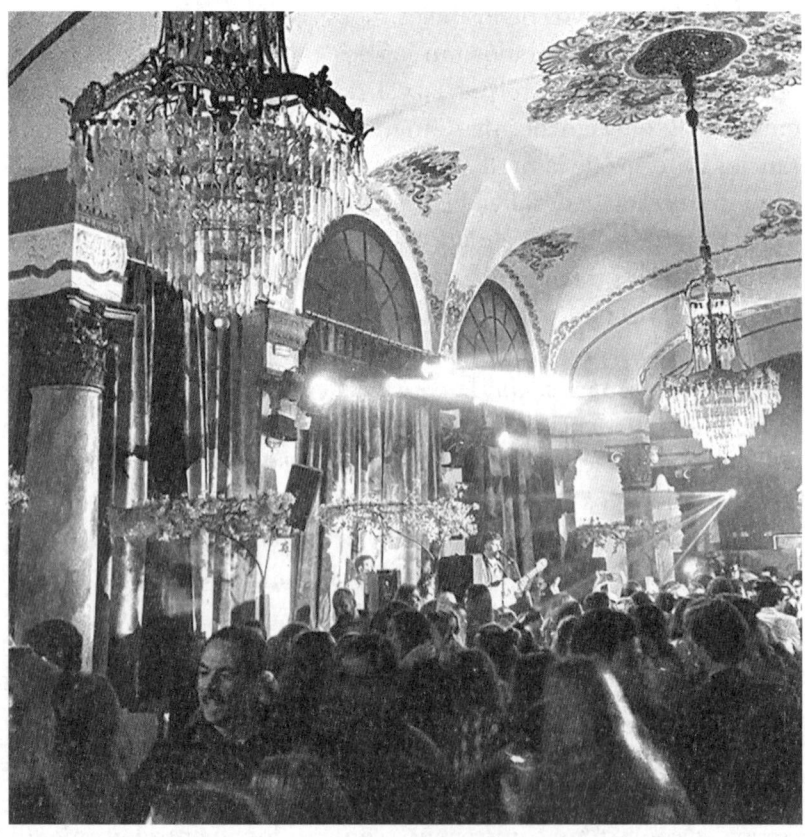

Los desfiles de moda del siglo xx evolucionaron de presentaciones íntimas en salones privados a espectáculos teatrales de alto impacto y se convirtieron en eventos fundamentales para la cultura y la industria.

El primer hito importante para que esto sucediera, y aclarando que no trato aquí de hacer una historia rigurosa de los acontecimientos, fue el hecho de salir de los salones de las casas de moda para mostrar las colecciones. Seleccionar otro espacio implicaba unas nuevas intenciones. El 28 de julio de 1976, en la sala de baile del Hotel Intercontinental de París, Yves Saint Laurent, con un coste aproximado de un millón y medio de euros (escojo la moneda actual, pues siempre es más cómodo para el lector), hizo alarde de un lujo fabuloso presentando la que fue una de sus mejores colecciones. El desfile «Opéras-Ballets Russes» sentó un precedente que marcaría el devenir de estos grandes espectáculos en las dos próximas décadas. Cada vez más caros, cada vez más ingeniosos, cada vez con más altas expectativas, fomentaban el éxito de las modelos que desfilaban y los diseñadores que las vestían, y, sobre todo, aumentaban ostensiblemente el beneficio económico de las marcas.

Cada desfile invitaba a que el siguiente fuera aún más espectacular, más vibrante, más costoso. Se estableció una carrera ascendente para que, en la escena de la moda internacional, dioses, sacerdotes y acólitos fueran encontrándose aquí y allí, sacudiendo la industria y haciendo estallar un mundo de fascinación en torno al que girarían la economía, la sensibilidad y el gusto de varias generaciones.

Podría marcar otro eslabón en marzo de 1994: se trata del desfile que supuso el apogeo de John Galliano. Tuvo lugar en la mansión vacía de la *socialité* portuguesa São Schlumberger; construida en el siglo XVIII, casaba a la perfección con la esencia de este diseñador, cuya genialidad recayó, precisamente, en su capacidad para desarrollar ideas en bruto a partir de la Francia de ese siglo. En aquella ocasión, realizó una romántica interpretación europea de la ropa japonesa. Las supermodelos lo encumbraron, lo elevaron al limbo, desfilando para él sin cobrar nada. Candelabros por los suelos, cartas de amor en las mesillas, todo rociado de un polvo medidísimo para que el efecto teatral del tiempo inundara todas las sensaciones: neblina, ensoñación. Un escenario esmeradamente preparado para vivir un sueño, un rito sagrado, bendecido y aplaudido. Desfiles como este marcaron la industria.

Se mostraban creaciones hechas a medida, elaboradas con tejidos de primerísima calidad adornados con los bordados y detalles más exclusivos, recreando pasados gloriosos en una mirada hacia el futuro. Creaciones que eran llevadas por mujeres que estaban aceptadas como las más bellas del planeta; que iban maquilladas, peinadas, tocadas y calzadas por los artistas de cada ámbito más codiciados y valorados. Las imágenes de estos desfiles daban la vuelta al mundo: los iconos se hacían así definitivamente inmortales, mientras su religión se expandía sin piedad. Si durante siglos los palcos de las óperas eran el lugar más privilegiado para el ocio internacional, las primeras filas de los desfiles de moda les tomaron el relevo. El *front row* aparecía en todas las crónicas de sociedad los días posteriores al desfile: estar ahí era un claro signo de poder y prestigio, al que muy pocos afortunados en el mundo podían acceder. Esta realidad continúa dándose; sin embargo, la rotundidad y lo concluyente de esta época se han evaporado. La revolución tecnológica, las redes sociales y las cámaras en los móviles desdibujaron los contornos de estos rituales, que, con el decurso del nuevo siglo, fueron perdiendo su idiosincrasia sagrada y definida.

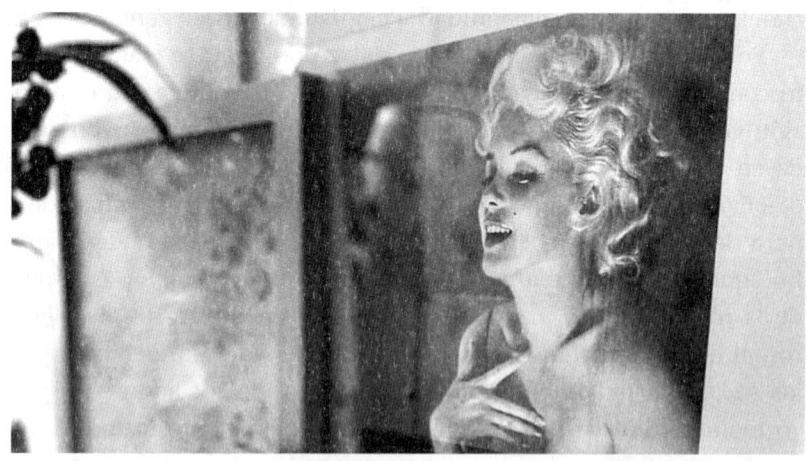

Una sonrisa franca y sensual combina la honestidad emocional con una pizca de misterio y seducción. No se trata solo de mover los labios, sino de una armonía entre el rostro y la mirada que proyectan.

Bajo el prisma que este ensayo defiende, la pauta que marcaría la distinción entre estos desfiles descritos sería el contenido intelectual, el discurso ideológico de todo el proceso: desde la concepción de las prendas hasta la música, pasando por la actitud de las modelos, que también estaba impuesta por el diseñador para acentuar su narrativa. Puesto que aquí defiendo que algunos de estos maestros de la imaginación y de la costura eran auténticos artistas, frente a otros de los que, aunque pudieran tener un papel destacado en el mundo de la moda, su legado no deja de ser irrelevante al carecer por completo de artisticidad, y residir en prendas mejor o peor confeccionadas con un diseño acorde a sus gustos o a las necesidades de la época. Este punto es fundamental y debo detenerme con rigurosidad. Y así lo haré en el siguiente apartado.

De manera general, aunque hubo excepciones, la nueva feminidad que se ritualizaba era alegre, vital, de sonrisa franca, movimientos rítmicos y seguros, giros sensuales y graciosos, libertad y belleza, preocupaciones trascendentales. Poco a poco, la manera de desfilar se fue estandarizando: cada vez más delgadas, menos libertad de movimientos, más rigidez en el rostro; dando menos importancia a la bella joven que portaba la prenda, que pasaba poco a poco a ser de nuevo un número, como en sus orígenes. Pero, aunque fue progresivo, sucedió pasado el arco del siglo XX, con lo que aquí no nos afecta. Las supermodelos de finales de siglo eran las diosas de la alegría y de la vida saludable. Y sus rituales eran espectáculos para hacer soñar, que constaban de todos los ingredientes que la nueva mentalidad colectiva anhelaba. Desfilaban sobre tarimas elevadas; avanzaban deslumbrantes, osadas y poderosas, representando el apogeo de la feminidad más clara y sensual. Todo en ellas era perfecto. Embellecidas hasta la extenuación, en esos desfiles se consagraban a fuego rápido las llamas de una nueva forma de vida; la frivolidad como hija de una época de pujanza y bienestar; el grito de una sociedad que había olvidado las guerras, las muertes y el hambre; el canto de cisne de un nuevo despertar de Occidente. Lo que no se sabía es que se anunciaba también el progresivo final de su hegemonía.

Breve apunte de tres diseñadores

Las biografías de los tres diseñadores de moda que he seleccionado como artistas relevantes de la segunda mitad del siglo xx tienen significativas coincidencias: infancia marcada por el acoso escolar y otros tipos de abusos, relación especial con la madre frente a una distante (o incluso tormentosa) con el padre, la fantasía como huida de la realidad, necesidad visceral de rodearse de belleza, sentimiento de estar continuamente sobreviviendo, enorme energía creativa escondida bajo un alma extremadamente delicada, vida sentimental agitada, atracción fascinante por las damas aristocráticas, torpeza o desinterés por los negocios, soberbia, ambición, astucia, dificultad en las relaciones sociales, angustia a veces inmanejable, adicción a las drogas y carácter reservado, solitario e introvertido hasta convertirlos en seres inaccesibles.

Mis elegidos son el francés Yves Saint Laurent, el inglés Alexander McQueen y el gibraltareño John Galliano, al que cito el último —a pesar de haber nacido antes que el anterior— por estar aún con vida mientras escribo estas líneas. Aunque he considerado a los tres, destacándolos entre tantos otros para darle sentido a mi tesis, me detendré sobre todo en uno de ellos por ser, a mi juicio, el artista más sólido conceptualmente; con una trayectoria coherente, ascendente y completamente fiel a su esencia desde el principio hasta el final, sin fisuras en este sentido. Los tres fueron hombres con facultades creadoras de mentalidad europea, que alcanzaron por mérito propio la categoría de autor de alta moda. Este dato es muy significativo desde el punto de vista histórico.

Ya he mencionado previamente la importancia que fue cobrando paulatinamente la moda norteamericana desde mediados de siglo, con sus livianos protocolos y su estilo general alejado de la hermética elegancia europea. No es una casualidad que un ensayo que trata de poner en valor la artisticidad de algunos —pocos— diseñadores de moda determine tres nombres y los tres sean personajes europeos. Podría parecer que no hay resto de América en el nacimiento del concepto de moda como arte, pero no es así: es precisamente ella la que, al identificarse con la moda democrática lista para llevar, al facilitar y homogeneizar la forma de vestirse de las distintas clases sociales, permitió que la alta costura despertara hacia esa artisticidad desprendida de sus funciones básicas y ordinarias, como ya he expuesto previamente. Si no se hubiera liberado de lo elemental, no habría sido posible ese gradual distanciamiento entre la moda de la calle y la que se disfrutaba en las pasarelas internacionales, que es la que aquí nos interesa.

La alta costura no se puede disociar de la lógica de la fantasía pura. Aquí el dolor se va a confundir con la voluptuosidad. Sueños, alucinaciones y éxtasis seguidos del más puro abatimiento; ingenio fascinador; un talento orquestado sobre la propia originalidad, nacido de infiernos tanto personales como colectivos, con aversión hacia los espíritus diurnos y equilibrados, indiferentes a la atracción de los misterios del averno. Maestros con reino propio, diseñados para autodestruirse, que establecieron luchas feroces con la idea. Caracteres infantiles, descarados e insistentes, con nervios que se excitan. Cerebros que se enervan para exacerbar las sensibilidades. Caprichos, fobias y agotamientos. Búsqueda de fastuosidad y esplendores, en unos egos de alto voltaje que se van aniquilando en la búsqueda de la belleza impresionante, casi fantasmal, de esas que pisan corazones. Belleza sublime y divina, creaciones perfectas que aspiraban hacia lo absoluto inmortal.

Habrá a quien le sorprenda que no haga ni mención a otros personajes europeos contemporáneos, como Dior o Chanel. No es un descuido, por favor, ni hay nada oscuro detrás. Simplemente, su función fue otra en la historia de la moda, no era aún momento para relajarse en la fantasía pura. Ambos crearon siluetas y modificaron la estética de su época, esos son valores incuestionables, pero no considero que estos sean asuntos meramente artísticos. Su mérito fue más bien haber sabido acertar en el momento del necesario cambio y haber sabido gestionar esa sabiduría, con tesón e intuición. Tienen ambos sus respectivos sillones preferentes al mérito y al agudo instinto, pero no aprecio en su obra ningún fondo de profundidad intelectual ni ninguna intencionalidad artística, más allá de acertar en cubrir las necesidades de esa nueva mujer que floreció tras la Segunda Guerra Mundial. Es por eso que, pese a perdurar sus firmas entre las más prestigiosas del planeta, sus figuras no me interesan tanto para el desarrollo del contenido de este ensayo.

Yves Saint Laurent

En 1961, con veinticinco años, Yves Saint Laurent creó su casa de alta costura. Alcanzó la fama muy joven, al igual que los otros dos protagonistas de este apartado. Pese a que su obra es en general más intuitiva que intelectual, metamorfoseó a la mujer moderna, recogiendo la esencia del pasado más clásico (inevitablemente clasista) y de otro más reciente (el Hollywood de los años cuarenta), y mezclándola con las tendencias artísticas y filosóficas más vanguardistas. La nueva mujer descrita en los capítulos previos tuvo su versión más elegante en este creador sensible y angustiado que, bajo mi criterio, vivió dos décadas de creatividad pletórica y determinante; el resto de su vida fue un declinar lento y agonizante, como si él mismo supiera que su aportación ya estaba hecha y solo le quedara esperar a que el tiempo pasara hasta su final. No en balde fue el primer diseñador de moda que vio expuesto su legado en un museo, evidencia irrefutable de su éxito en vida y del conocimiento de que su obra estaba acabada mucho antes de su muerte.

Su creación más memorable data de mediados de los sesenta: el *smoking* femenino. La prenda, que se alza en un hito en la historia de la moda, debía ir acompañada de una actitud: mano en el bolsillo, seriedad, altivez, espalda muy recta y caminar decidido. Al recrearlo, uno podría pensar más en los actores del cine clásico que en las actrices, y aquí está la importancia real de la idea, por la que aparece aquí el nombre de su creador. El feminismo estaba aquellos años en un momento apoteósico; se estaba creando un mundo centrado en la mujer, de la conciencia a la acción política. Se reforzaban las ideas de fortaleza y confianza en ellas mismas, con el control de sus cuerpos, de su sexualidad. En 1968, el Gobierno francés había legalizado la venta de anticonceptivos y la distribución de propaganda. Comenzaba la reivindicación imparable de los derechos de las mujeres. Se gestaba un nuevo mundo bajo su perspectiva.

En este contexto, el clásico y neutro traje masculino, símbolo del profesional de éxito, del empresario adinerado, del seductor peligroso del cine negro, se despojaba de su género y ascendía a símbolo. La nueva mujer elegante y atrevida podía vestirse con el uniforme del poder cosmopolita. Si además se atrevía a cortarse el pelo y a tomar la actitud adecuada, si fumaba y mostraba desenfado y despreocupación, pasaba a convertirse en la imagen de la modernidad más absoluta. Digamos que aquella mujer que inventó Saint Laurent fue la *Marianne* de los años sesenta europeos. No necesitaba llevar el pecho al descubierto ni tener fisonomía belicosa, nada de agresividades ni desencantos. Era aquella una forma elegante y rotunda de utilizar el vestido como protesta, una iconografía salida de la mente de un ser tan débil como la mujer más indefensa y tan fuerte como las pisadas de los tacones de una mujer fatal.

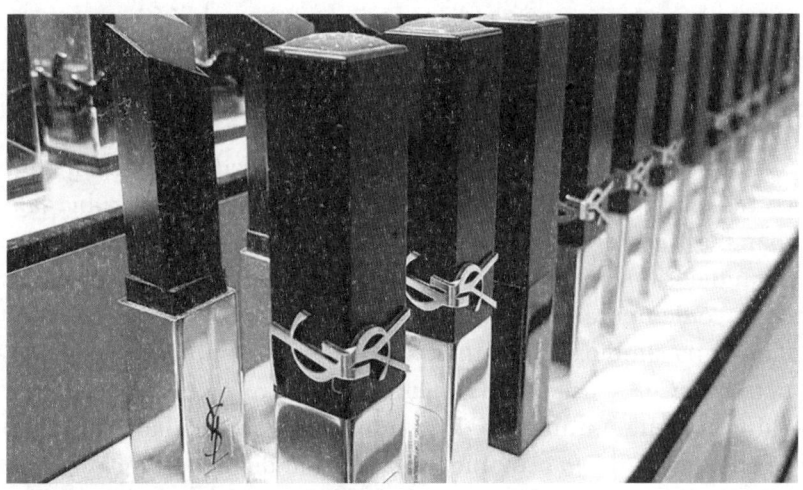

Las barras de labios de lujo se distinguen por su alta pigmentación, ingredientes nutritivos y envases sofisticados.

Saint Laurent ideó el traje de corte impecable, riguroso, limpio; y también la conducta para llevarlo. Su nueva mujer moderna era esbelta, de sexualidad ambigua, de fascinante seducción. Fue tomando el poder gracias a los nuevos medios de difusión; los mejores fotógrafos retrataban las creaciones de los modistas más importantes. Y así se va escribiendo solita la historia del arte. En este caso concreto, la lente y el cerebro del fotógrafo alemán Helmut Newton crearon unas imágenes históricas, que forman parte de nuestro imaginario colectivo y de nuestra historia emocional. El *smoking* negro, París de fondo, el año 1975, luz eléctrica en una calle estrecha y vacía, la soledad de un icono que se imponía a marchas forzadas.

La trascendencia histórica de esta prenda femenina creada por el francés Yves Saint Laurent quedó palpable desde su origen y aquella siguió vigente en las décadas siguientes hasta la actualidad. La modelo alemana Claudia Schiffer desfiló con ella en París en 1996: las imágenes dieron de nuevo la vuelta al mundo. Melena rubia leonina sobre los hombros, labios rojos, mirada felina, nada de joyas, nada de ropa interior, la chaqueta y el pantalón de corte masculino como único adorno, con un generosísimo escote hasta casi la cintura. Europea la modelo, europeo el diseñador, europeo el desfile, europea la idea que subyace; sin embargo, sería una imagen inconcebible si no hubieran arrasado en el mundo la nueva ideología y la nueva estética norteamericana.

Hay desenfado, una actitud y una sexualidad distintas, que poco tienen que ver con el viejo clasicismo europeo; una rubia (alemana) evanescente y algo ingenua, en una imagen que juega a ser escandalosamente sexual. Belleza inquietante de una de las diosas de la contemporaneidad, que aspiraba al máximo poder convertida en una simbiosis que aunaba las diferentes supremacías. La venerada nueva sensibilidad femenina encontró en esta creación de Saint Laurent el uniforme de la mujer que ambicionaba convertirse en autoridad. No obstante, es la imagen del poder; mejor dicho, de la nueva mujer poderosa, que, sin darse mucha cuenta, aún tenía que vestirse de hombre para creérselo.

John Galliano

John Galliano ha vuelto a desfilar hace unos meses en París, como diseñador de la firma Maison Margiela. Tratamos aquí a un personaje vivo, que aún sigue siendo noticia. Como ya he dicho en la introducción a este trabajo, mis reflexiones no cruzan el umbral del siglo XXI, pues la democratización del uso de las nuevas tecnologías y el acceso masificado a Internet y, después, a las redes sociales han supuesto un cambio radical en todos los aspectos de la humanidad. Un cambio de estas dimensiones, casi parecido a la invención de la imprenta, merece un análisis muchísimo más profundo y, desde luego, con una perspectiva temporal que aún no tenemos.

Este diseñador hispano-británico apareció en escena, en ese momento álgido ochentero, con un carácter propicio para triunfar y un talento innegable, basado en su experiencia como creador de vestuario teatral. Un éxito temprano y ascendente, que supo independizarse de tendencias y exigencias colectivas: su obra nacía de sus deseos de grandeza, de trazo perfecto; composiciones que solo buscaban una belleza voluptuosa, reservada para la gente de buenos modales, de frivolidad heroica y sublime inmoralidad. Una coquetería casi libidinosa de salones libertinos, en la que se perdona todo menos la fealdad. Y esta esencia tan determinada se asocia a un país en un momento concreto: el triunfo francés fue internacional y permanente.

Galliano quería seducir con una inmoralidad razonada. Su deseo era producir unos efectos de grandeza hinchada, de lujo; todo como escondido detrás de unas cortinas, solo visible para unos pocos privilegiados capaces de apreciarlo y disfrutarlo. Representaba comedias con alma, en las que los excesos estaban permitidos, apoyados en su propia inestabilidad de carácter. Con su moda, caricaturizó el teatro social dieciochesco francés, artificial y cortesano. Su fuerza era (veo más adecuado utilizar el pretérito, aunque él continúe con vida, pues aquí retratamos una época pasada) la exaltación del carácter fantástico de la apariencia, la comedia de amores y dolores: Francia y su bulliciosa sentimentalidad.

Cada máscara tenía su genio y el protagonista de la compañía era este astuto individuo, de pueril zarzuela.

En este sentido, no voy a entrar en los detalles de si creó su obra para una firma o para otra, o si le exigieron en algún momento ser más o menos comercial: su labor histórica ha sido la de crear espectáculos para las élites del final del siglo XX, basados en el lujo más exclusivo, pero haciendo un peregrinaje hacia adentro, hacia sus propios anhelos y fantasías. Sus desfiles invitaban a per-

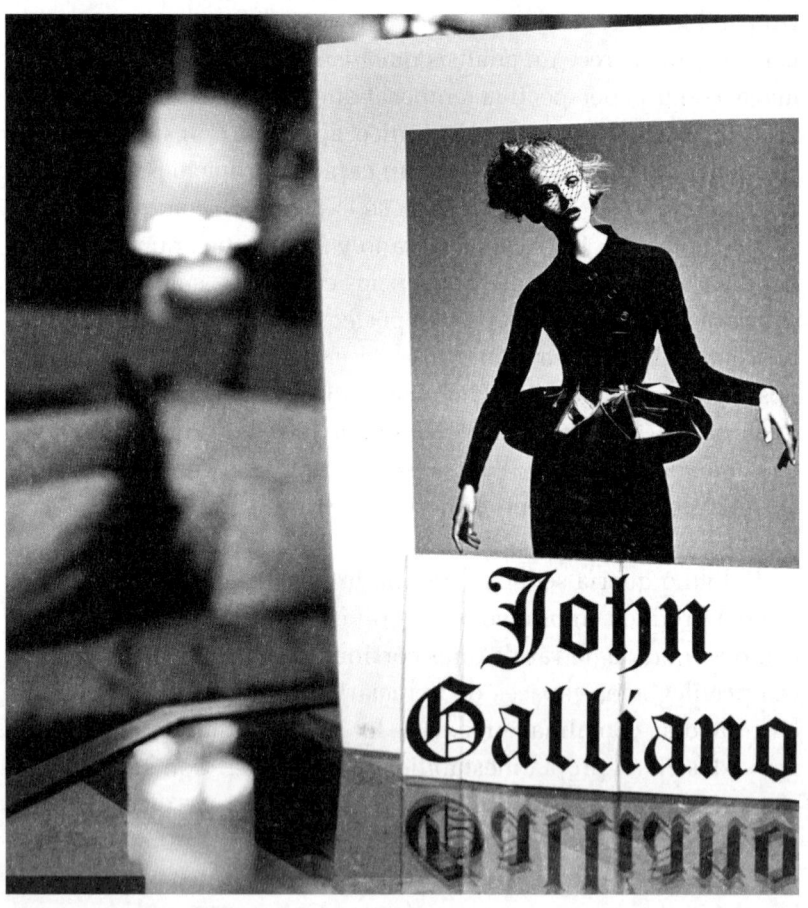

John Galliano es considerado uno de los diseñadores más influyentes y teatrales de la contemporaneidad.

derse en un sueño, que fue aceptado mundialmente como uno de los más deseables de esa época. Participar de sus creaciones tenía un valor social, elitista y honorífico, pero también espiritual, como de una grandeza incuestionable, que no necesitaba del arropo de la perfección técnica ni de la claridad intelectual.

El gemido lacrimoso del gran artista, que iba desfalleciendo en cada una de estas fiestas galantes, inmerso en una constante e irreal atmósfera de ensueño, terminó por devorarlo: una demoledora adicción al alcohol y a los medicamentos. Quizás fuese una llamada para abandonar aquella disciplina de maestro decorador y volver a salir al campo a dibujar del natural. Este hombre triunfó sin preocuparse demasiado por las tendencias de su tiempo; supo hacer de sus gustos y necesidades personales representaciones aplaudidas unánimemente como paradigmas de una época, aunque la inclinación general iba por otros caminos completamente diferentes. Expuesto al sol y con la lejana vista del Mediterráneo, refrescado por la brisa marina, rodeado del abundante colorido del sur de Europa..., no se puede desconectar la patria de este «pintor de escenas» de su sensualidad desenfrenada, concebida en los esplendores de épocas pasadas, bañadas de dorado y púrpura.

ALEXANDER MCQUEEN

La tercera figura que voy a abordar es, desde el punto de vista intelectual, la más rica y atractiva, sin ningún género de dudas. Alexander McQueen es uno de los artistas más fascinantes del final del siglo xx. Su obra tiene un contenido cerebral y espiritual riquísimo, coherente y muy conectado a otras sensibilidades europeas de finales del siglo anterior. Su visión desesperada nos adentra en territorios decadentes y alienantes; llenos de éxtasis, deseos de la carne en todas sus vertientes; la muerte como referente ineludible, en una búsqueda desesperada por comprender, por adaptarse, por sobrevivir.

Este ser diferente supo cavar en su propia alma un surco profundo y extraer de ahí lo más valioso para reconvertirlo en otro nivel de belleza, más cercana a las bestias salvajes que a los burgueses que no terminaron de comprenderle. Continuaré en el siguiente epígrafe mi intento de otorgarle definitivamente el lugar merecido por haber creado una belleza abrumadora, hecha de sangre y de vísceras, pero también de la delicadeza de una sonrisa o del velo rasgado de unos párpados.

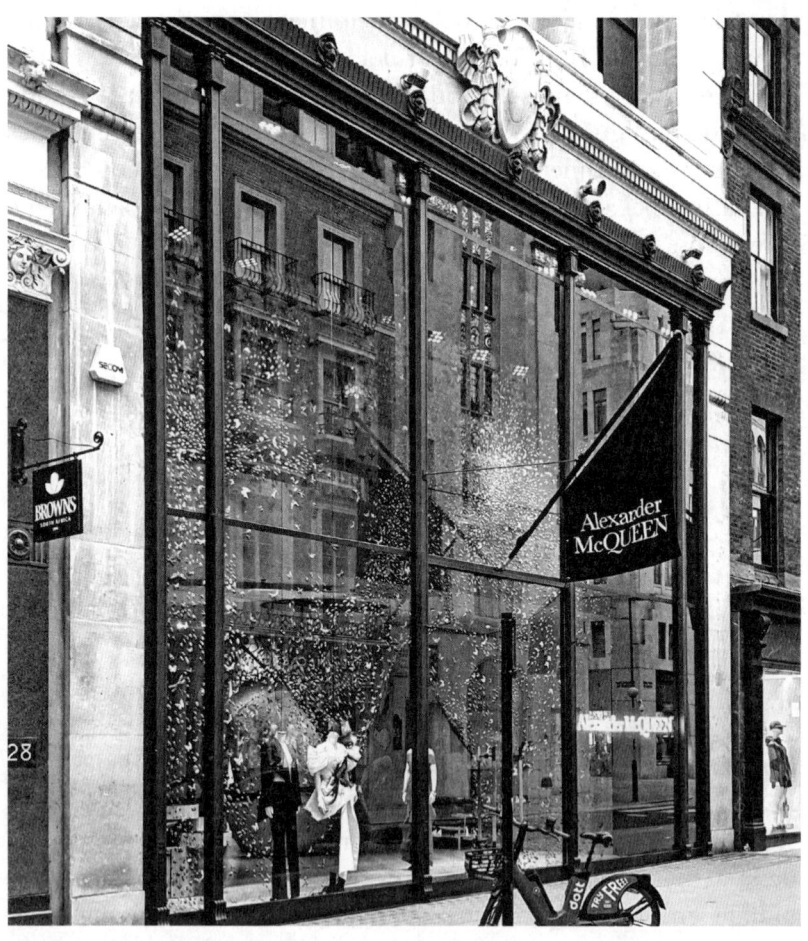

La tienda insignia de la marca Alexander McQueen, en 27 Old Bond St., Londres.

Alexander McQueen y la literatura

«A pesar de todo, aquel gélido misterio de su aspecto, y
del placer que parecía darle el quedarse en la oscuridad,
poseía (si no era bien un don natural) cierto aire de
esculpir el recuerdo de sí mismo en el corazón de los
demás. No era amor ni odio, no era nada de cuanto el
lenguaje pueda imaginar para traducir el pensamiento».
ANN RADCLIFFE. *The italian*, Inglaterra, 1797
(a propósito de Schedoni).

No es de extrañar que las personas que vivimos de la literatura
apreciemos más a aquellos pintores, músicos, escultores y diseñadores de moda que han estado impregnados de ella: artistas ce-
rebrales —aunque no tuvieran plena conciencia de ello—, generalmente de turbia sensualidad. Para ejemplificar con nombres
concretos citaré a Delacroix, a Wagner y, cómo no, al protagonista
de este capítulo. Baudelaire, autor fundamental a pesar de lo de-
shonrosamente manido que ha estado en los últimos tiempos, definió así al pintor citado, su favorito: «Obraba como un pintor, pero
pensaba como un poeta y el fondo de su talento está hecho de literatura». Una declaración similar se podría aplicar a las facultades
creativas del diseñador Alexander McQueen (1969-2010).

El legado de este artista británico que aquí voy a abordar es,
desde el prisma intelectual, enormemente rico, coherente y atractivo. En mi opinión, y desnudándome desde el principio sin tapujos
ni miedo a posibles censuras, McQueen fue uno de los artistas más
fascinantes del final del siglo XX, muy por encima de la mayoría de
los pintores, cineastas, e incluso rodeando por encima a muchísi-
mos escritores. Su obra tiene un contenido cerebral y espiritual conectado al apogeo de la estética de lo horrendo y lo terrible, que había ido desarrollándose desde fines del siglo XVIII, perfilando una
nueva sensibilidad afín a la de cualquier diletante medievalista.

Una nueva extravagancia que fue bordeando el tiempo, emergiendo en voces muy concretas.

El descubrimiento del horror como fuente de deleite y de belleza terminó actuando sobre el concepto de las bellas artes. En lugar de ser su antónimo, se fue transformando hasta conseguir formar parte, como uno de sus elementos constitutivos. De lo bellamente horrendo se pasó a lo horrendamente bello gracias a la progresiva modificación de la sensibilidad europea, que permitió que esta idea alcanzara plena conciencia, algo inviable en épocas precedentes. Quizás Shakespeare ya lo supo, aunque no teorizó nunca sobre este asunto. No fue hasta el tránsito entre los siglos XVIII y XIX cuando algunos autores asumieron, sin miedo ni complejos, que se podía extraer belleza y poesía de los elementos que hasta entonces habían sido considerados innobles y repugnantes.

Sin salir de Inglaterra, la secuencia histórica de esa sensibilidad romántica que pone el acento en la íntima relación que hay entre crueldad y voluptuosidad, entre placer y pena, tuvo un brillante exponente en el diseñador de moda que aquí vamos a analizar. Su visión desesperada nos adentra, como decíamos, en territorios decadentes y alienantes; llenos de éxtasis, deseos de la carne en todas sus vertientes; la muerte como referente ineludible, en una búsqueda desesperada por comprender, por adaptarse, por sobrevivir. La angustia más profunda y silenciosa como herramienta de trabajo: seres desgarrados, desolados en estancias fúnebres, que tienen a la decadencia y la putrefacción como aliadas.

La esencia de esta suprema belleza maldita está presente desde su primera colección y pone de manifiesto que esa sensibilidad gótica, tan de novela de terror inglesa de fines del XVIII, le era congénita, como una herencia de la tierra o, mejor dicho, de la esfera común de lo subterráneo. Sin embargo, se aprecia en su trayectoria una evolución ascendente en la depuración de los conceptos, en la búsqueda de lo más sublime, tanto en la calidad técnica y estilística de sus prendas como en la puesta en escena de todos sus desfiles. Llevó a sus diosas —en este caso podríamos incluso decir «diosas malditas»— al límite de la desesperación, de la más pura locura, de la decrepitud física y moral; pero todo ello pasado por el arco de la excelencia y de la belleza más divina y perfeccionista.

Alexander McQueen se movió de manera constante en un terreno ambiguo: poblado de referencias históricas, familiares; vivencias personales; tormentos conectados a las corrientes literarias del Romanticismo oscuro; el espíritu gótico británico, con el que tanta afinidad mostró. Asimismo, y casi como receso mental, asumió la naturaleza como verdadero templo de la calma y la paz. Dos conceptos se solapan ininterrumpidamente en su obra: belleza y horror. Un hombre que estaba enfrentado al mundo, en continuo desacuerdo con lo establecido de manera aparentemente infantil e inmadura, con la típica actitud del contestatario que, habitualmente, respeta y ama aquello ante lo que tanto protesta. Así lo demostró con la religión, por ejemplo: utilizó en sus obras imágenes religiosas estampadas, renegando continuamente de tener creencias, pero, antes de suicidarse, dejó una nota pidiendo ser enterrado en una iglesia.

En conjunto, su obra es desde el principio un grito desgarrado. Unas colecciones con una fuerte carga emocional; una perfección técnica inusual, tanto suya como de los colaboradores que él iba escogiendo; un conjunto armónico y pulcro, que le sirviera a él para reorganizar su caos interior y para materializar esa sensibilidad tan especial y tan sublime que tenía, y que le permitía rozar continuamente el cielo y el infierno, apoyado en un consumo desaforado de drogas, de relaciones complicadas y destructivas, y, en el fondo, de una búsqueda de algo que aliviara la intensa angustia que sentía. Era esta, no obstante, el motor de toda su máquina de creatividad. Su obra entera nace de la necesidad de lidiar con ella, tal como demuestran los sentidos y lógicas de cada una de sus creaciones.

McQueen realizó una crítica feroz a la realidad desagradable y violenta que tuvo que vivir desde su infancia, en un derrotero emocional transparente. Se valió de la aguja para expresar su desesperación y con su dolor componía sus colecciones; algunas de ellas podrían parecer hijas de la locura o la ira, pero siempre era incuestionable el grado de excelencia en su habilidad para componer lo físico con lo espiritual, con una autenticidad nunca vista en un diseñador de moda. Su discurso estético estaba relacionado con su contemporaneidad —a diferencia, por ejemplo, del de John Galliano—: demostró una capacidad inusual en esta disciplina creativa para reflexionar entre pasado, presente y futuro, y no me refiero al largo de la falda ni a ninguna otra cuestión meramente técnica o estilística. Galliano separó su propia obra del sustrato cultural que le correspondía, con afectos y efectos de una época histórica diferente y distante: así era más fácil caer en interpretaciones arbitrarias y fantásticas. La obra de McQueen no está despegada de su realidad en ningún momento; su fantasía tiene un origen profundo, visceral y, por tanto, honesto. Se le podrían atribuir estas palabras de ese otro pesimista que fue Cecco Angiolieri: «Si fuese fuego, incendiaría el mundo». Un espíritu crítico que buscó desahogo entretejiendo a través de su luz interior, que alteraba figuras e ideas, pero sin despegarse de la realidad, que él percibía como amenazante y perversa. Su padecimiento fue asumiendo diversas intensidades a lo largo de su carrera. En él, el ideal clásico se disgrega y surge la urgencia de nuevas formas de fantasía, en una misma sensibilidad pesimista y romántica que traslade a la escena los horrores tanto de tipo psicológico como de tipo natural.

Las letras del movimiento gótico se basan en el sexo y en la muerte, así como en lo místico, y manejan la claustrofobia, el sentimiento de culpa u otras cuestiones bien vinculadas al Romanticismo oscuro del siglo anterior. El movimiento gótico, que nació como hermano morboso y menor del punk, en el Londres de principios de los ochenta, fue una de las mayores exportaciones culturales del Reino Unido y proporcionó al cine una nueva paleta de colores oscuros sobre la que trabajar. La bandera de esta belleza siniestra es de color negro y el lema podría ser algo así: «Yo soy el defectuoso». Un último esplendor de héroes en decadencia, a semejanza de los dandis del XIX, como un puro desprecio a este mundo y a su frivolidad dolorosa e inconsistente. Se podría proyectar otro telón de fondo añadido a todo lo expuesto, también compartido por la estética del mundo gótico anglosajón: el sombrío y decadente corazón industrial de la Gran Bretaña, con sus fábricas y espacios abandonados. No en vano uno de los referentes de McQueen fue William Morris, que es considerado uno de los pioneros en la lucha contra esta realidad tan deshumanizada.

En sus colecciones más significativas se aprecia claramente ese talento único, que iba madurando y se iba convirtiendo en algo extraordinario, en la frontera con la genialidad. El 16 de marzo de 1992, el día antes de cumplir los veintitrés años, presentó su primera colección de diez conjuntos, la de graduación en la Central Saint Martins: en el programa de mano decía que estaba inspirada por los transeúntes del siglo XIX, como clara hoja de ruta para su comprensión. Las prostitutas victorianas asesinadas revivieron para él con chaquetas negras ajustadas de solapas en forma de daga, forradas de seda roja. Los abusos sexuales que sufrió en su infancia fueron un recurso oscuro y constante de creación, como un silencio impenetrable. Este espíritu altanero y desordenado no escondió nunca la sangre de su corazón herido, que vertía con generosidad sobre la pasarela. La palabra *violación* se escondía en otras muchas colecciones posteriores como sensación de fragilidad romántica inherente a las prendas confeccionadas con gasas y encajes, que luego perdían toda su inocencia por la manera agresiva en que eran presentadas sobre la pasarela.

McQueen adoptó a la infalible compañera de la crueldad, la profanación. «He soñado en quemar ciudades para iluminar mis fiestas», escribió Théophile Gautier en boca de D'Albert, en *Mademoiselle de Maupin* (1835): estas palabras cobraron realidad en una de las excentricidades de este diseñador británico. En 1996, en Hedingham Castle (Essex, Inglaterra), el castillo de su amiga la aristócrata Isabella Blow (editora adjunta de la edición británica de la revista *VOGUE*), el fotógrafo David LaChapelle los inmortalizó a ambos bajo el título «Burning down the house». Las llamas salen por las ventanas; un caballo encabritado ha tirado al suelo al caballero medieval, del que solo aparece la armadura tumbada sobre el césped. En primer plano, McQueen empuña la antorcha incendiada que ha originado el fuego, con actitud victoriosa, con gesto de horror desdeñoso, de poder sin piedad. Un corpiño negro palabra de honor, unos guantes rojos largos, una falda de color ocre amarillo cuya cola recoge Isabella, con una actitud e indumentaria inocente, de muñeca (no en balde es el título de la colección a la que pertenece el vestido que lleva); una mujer perdida bajo la voluntad del emperador. Una imagen del más puro exotismo romántico, como los textos de Gautier.

En 1996, McQueen presentó en una iglesia de Londres la colección titulada «Dante». Los invitados, entre los que estaba sentado un esqueleto rociado con *spray* dorado, contemplaron una pista en forma de cruz; el sonido de un misil dio paso a ritmos de club nocturno mezclados con música de órgano y disparos. Fue aquel el primer espectáculo que presentó a Kate Moss como modelo. Sentó

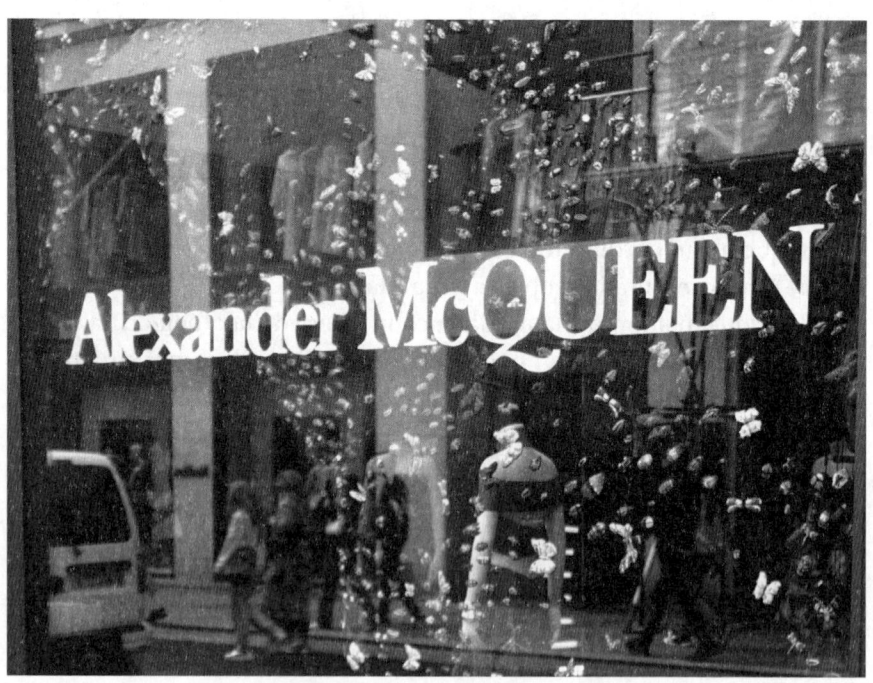

Escaparate de la tienda insignia de la marca
Alexander Mcqueen, en abril de 2023.

un precedente teatral para el diseñador. Para elaborar esta colección había consultado la obra original del escritor florentino, nacido en 1263: la *Divina comedia*. Una edición ilustrada por los famosos dibujos de Gustave Doré dejó clara su impronta, y no solo en este desfile. Dice el canto primero del «Infierno» que, a la mitad de la carrera de la vida, se apartó Dante del recto camino, conducido por tres poderosas pasiones (lujuria, orgullo y avaricia); Beatriz (o sea, la Teología), su amada de la niñez, le remite en su exilio al gran genio en poesía que era Virgilio: por medio del estudio de lo bello y lo grande, este le llevará poco a poco a contemplar las cosas celestiales (método platónico). Un poema de detalles oscuros que tuvo un nuevo intérprete a cuatro años del cambio de milenio. No olvidemos que, como ya he señalado, McQueen era ateo. Magistrales antifaces negros con esculturitas de cristos crucificados en el centro tapaban las bellas caras de las modelos al desfilar. Obtuvo un éxito espectacular con su puesta en escena.

La primera vez que Hamish Bowles, editor de la edición americana de *vogue*, trató a este diseñador inglés, lo definió así: «Me recibió una criatura terrorífica, con dificultades para expresarse, brusco y absolutamente brillante». Todos los que le conocieron exponen su peculiar manera de ser. Dueño de una mente muy rápida, difícil de seguir, McQueen era como un niño travieso, con un carácter infantil, descarado e insistente. Nunca fue un hipócrita que se hundía en la soledad para mejor librarse al exceso de su concupiscencia; no renegó nunca de su autenticidad, aunque se quejaba de la incomprensión que cosechó de forma permanente a su alrededor, realidad común a todos los genios de todas las épocas. Sus revelaciones iban trastornando progresivamente su vida, mientras crecía su aura de personaje sagrado. Exageró un poco para crear algo nuevo en la línea de esa literatura sublime que canta la desesperación con el único fin de oprimir al lector, para hacerlo desear el bien como remedio.

La idea de destruir para crear era demasiado potente en una mente de estas características. Le obsesionaban imágenes brutales de naturaleza, sociedad y especie humana: la colección otoño-invierno de 1997 se tituló «It's a jungle out there», dejando claro la percepción del mundo que tenía su autor. Aceptaba la brutalidad de su especie, sin intentar reprimirla; él mismo se trataba como a una bestia. Su realmente desolada existencia se fue entregando progresivamente por esa calle de la amargura que son las drogas. Sensaciones que se convertían en objeto de análisis; se hacía a sí mismo objeto de estudio, como los escritores a lo largo de toda la historia de la literatura. Entablaba luchas feroces con la idea. En estas batallas, la cocaína siempre gana: los nervios se excitan, el cerebro se enerva, la sensibilidad se exacerba; luego, las incertidumbres, aberraciones malditas, caprichos mórbidos, fobia y agotamiento total. El problema de Alexander McQueen con la cocaína fue el de la entrega total de un artista a su musa, sucumbiendo entre los brazos de su propio ideal convertido en obra realizada. No hay arte de ningún tipo sin la fuerza sobrenatural de la Gracia.

En conjunto, el legado de McQueen es de una coherencia extraordinaria. Siluetas victorianas de corte hábil, pinturas flamencas del siglo XIV, cultura callejera británica, ese ya descrito solapado trasfondo religioso como de corona de espinas, la admiración por la libertad del vuelo de los pájaros, mujeres fuertemente sexualizadas, la locura como salvación; y todo siempre bañado en una pintura roja, como de sangre. A veces se le escapaban pinceladas de dulzura escondida detrás de la apariencia de lo macabro, lo destructivo, todo lo que estuviera al límite, como su propia vida. Un mundo marginal hecho a medida, que ni los crecientes ceros de su cuenta corriente pudieron limpiar de dolor y desesperación. ¿Cómo era posible que alguien tan agónico en su aspecto y trato creara tantísima belleza? Esta cuestión es una constante en la historia del arte. Si se piensa en un artista con una bata blanca, perfectamente peinado y aseado, de zapatos impolutos y orden vital inalterable, puede aparecer otra cosa, pero no un artista; aparecerían Dior, Chanel o Balenciaga, que fueron diseñadores de ropa de enorme valor estético, que supieron embellecer con su buen gusto y saber hacer el panorama social de una época, pudiendo llegar a modificarlo. Pero no subyace ningún interés intelectual detrás de su legado.

El único artista en mayúscula que ha dado la historia de la moda universal, bajo mi criterio, es Alexander McQueen. Detrás de él están la fantasía genial como reinterpretación de esplendores pasados de John Galliano y la sensibilidad extraordinaria para tomarle el pulso a su época que tuvo Saint Laurent, creando un estereotipo de nueva mujer, que sumaba lo mejor de todos los avances ideológicos sin perder la elegancia y sofisticación que le eran innatas. Sin embargo, ninguno de estos dos últimos tenían tanto en su interior para conectar lo externo con lo íntimo como McQueen. Sus frenéticos impulsos eran evidentemente el desahogo del propio autor; sus diatribas internas se manifestaban en prendas y puestas en escena que las convertían en elementos dialécticos. Así, mientras él se liberaba momentáneamente, los espectadores se inundaban de todos esos tormentos, pero siempre era un sadismo aristocrático, de excelencia, lujuriosamente elitista, como si no fuera hecho para la comprensión de los más tontos ni para el aprecio de toda esa farándula que McQueen, en lo más profundo de ser, despreciaba drásticamente.

McQueen representa la sensibilidad y la sensualidad del gótico moderno. Su canto fúnebre fue más elevado, mucho más exquisito y hermoso, más femenino y poético. Su amor por lo misterioso y grotesco estaba anclado en esa cultura londinense a la que por nacimiento pertenecía. Una obra que vulnera la frontera de lo orgánico para crear emociones intensas, infectadas siempre por la muerte, que, sin piedad, se alza siempre en protagonista de toda su producción. No por nada la calavera es el símbolo de su marca, que continúa vivísima y es la escogida por la familia real británica para todas las ocasiones más especiales y relevantes de la historia del Reino Unido.

Epílogo

El grado de evolución y destreza de un diseñador de moda es igual de importante que la riqueza y solidez cultural sobre la que se arma cada una de sus colecciones. La moda, sin una narrativa que la alimente detrás, queda en mera artesanía. Es una cuestión conceptual, afín a la literatura o al cine. La apreciación de cualquier obra de arte tiene dos partes indisolubles: como fuente de conocimiento y como placer estético; si una de estas dos cuestiones no se da, es imposible que se le conceda otro estatus más que el decorativo. Es necesario que estas dos armas se den la mano y vuelen juntas para poder empezar a hablar del legado de un artista.

En este sentido, es labor de los historiadores del arte separar lo valioso de lo que no lo es aunque en su momento haya tenido mucho éxito. Su apreciación se convierte así en una operación intelectual. De nada sirven las telas más ricas, los bordados más lujosos y los tocados más elaborados si detrás no hay un argumento que sustente el conjunto. La popularidad no puede cegar la carencia de valor auténtico y perdurable en el tiempo. En moda se podría complicar esta sencilla visión, que hemos apoyado en dos simples pilares, por estar tan inmersa en la industria capitalista; pero los inmensos focos de esa realidad no nos deben confundir.

Aportar al gusto de una época una sensibilidad desconocida es el mayor triunfo al que un artista puede aspirar. Para ello, cuestionará la belleza convencional, rebuscará en el pasado para pasarlo por el inevitable filtro personal y vomitarlo de una manera diferente; extraerá lo mejor de antes y de ahora, de los demás y de uno mismo, con el objetivo puesto en el futuro. El artista que escoja la moda como vía de expresión utilizará textiles para exponer un discurso, que rozará otra esfera inalcanzable para la mayoría. Las telas, los focos, los zapatos, la tarima y los brillos estarán al servicio de una idea y no al revés.

He tratado de ser rigurosa en la firmeza de mis principios sobre este argumento, mencionando solo nombres que lo cumplieran. Hoy en día todo es diferente. Es más importante el aspecto que tienen una revista o un desfile de moda en un teléfono móvil que el que tienen en un kiosco. La moda internacional está tratando de adaptarse a las nuevas necesidades, en las que solo importa si es competitiva en las redes sociales: ese lugar en el que aparece gente guapa que hace cosas fascinantes en lugares idílicos, en los que uno nunca está. Lo importante es seguir deslumbrando y frustrando a los jóvenes para que consuman y, en paralelo, crear experiencias reales para los más afortunados. Atrás quedaron las históricas rivalidades internacionales por estar en la vanguardia de la moda: ahora todos nos sentimos conectados en la ficticia aldea global, en la que algunos ilusos seguimos buscando algo de distinción y de espiritualidad.

El poder es una de las cuestiones más misteriosas que existen. Su relación con la moral tiene una conexión difícil; «A quien tiene se le dará más aún», dice una cruel máxima. Lo más curioso es el tratamiento que hace la historia de estas cuestiones. La tendencia es dar a quien en la vida real ya recibió en abundancia, acusando esa inclinación hacia el lado del triunfo, engrandeciendo a los vencedores y empequeñeciendo a los vencidos. Cada personaje relevante aparece, en la óptica de la historia, casi siempre mejor de lo que fue en realidad, mientras que a la gran mayoría pequeña se les quita lo poco que pudieran tener en beneficio de los grandes. Esta tendencia a sacralizar el pasado para formar una leyenda es a veces fácil de intuir en el momento que se está gestando. Por eso es labor de las personas que saben verlo el destrenzar los hilos.

Aquí finalizo esta obra bastante abstracta. En mis exposiciones, he buscado nitidez y decisión, huyendo de una dictadura rancia de ideas. Aunque algunos conceptos aparecen velados, otros semidesnudos y otros extenuados, mi propósito último ha sido poner en valor lo trascendente del universo de la alta costura finisecular, priorizando el entusiasmo (muy distinto de la pasión) que crea la belleza pura. He dado valor a lo nuevo y único; a aquello que, hasta el momento, no tenía doble. Júzguenme con algo de benevolencia, por favor, pero sin trivialidad.

CLARA ZAMORA MECA
Sevilla, 10 de diciembre de 2025

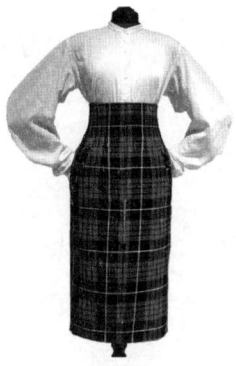

Este libro se terminó de imprimir, por encargo de Almuzara, el 13 de marzo de 2026. El mismo día de 1995, en un desfile celebrado en el Museo Nacional de Historia de Londres durante la Semana de la Moda, Alexander McQueen presenta su colección Highland Rape («Violación en las Altas Tierras [de Escocia]») para la temporada otoño-invierno: una reflexión sobre la violencia ejercida por Inglaterra contra la tierra de su padre, inspirada tras haber presenciado el abuso doméstico de su hermana mayor a manos de su esposo.